环南海航区邮轮产业合作与区域经济发展

孙妍 著

知识产权出版社
全国百佳图书出版单位

图书在版编目（CIP）数据

环南海航区邮轮产业合作与区域经济发展/孙妍著．—北京：知识产权出版社，2018.9
ISBN 978-7-5130-5730-1

Ⅰ. ①环… Ⅱ. ①孙… Ⅲ. ①南海—海域—旅游船—国际合作—产业合作—研究 ②旅游船—交通运输业—影响—区域经济发展—研究—海南 Ⅳ. ①F512.766

中国版本图书馆 CIP 数据核字（2018）第 183633 号

内容提要

本书拟从邮轮产业区域合作进行研究，深入探讨合作机理、合作模式及其对经济发展的促进作用，并提出促进产业发展的相关策略，旨在弥补该领域研究的不足，为邮轮产业助推经济发展提供理论参考和实践策略。

本书可以作为海洋旅游、海洋经济、产业经济、区域经济等专业方向本科生或研究生的教学参考书籍，也可提供给对邮轮产业、海洋旅游经济、海洋产业经济发展等研究感兴趣的读者。

责任编辑：张水华　　　　　　　　责任印制：孙婷婷

环南海航区邮轮产业合作与区域经济发展

孙　妍　著

出版发行：知识产权出版社 有限责任公司	网　　址：http://www.ipph.cn
社　　址：北京市海淀区气象路 50 号院	邮　　编：100081
责编电话：010-82000860 转 8389	责编邮箱：miss.shuihua99@163.com
发行电话：010-82000860 转 8101/8102	发行传真：010-82000893/82005070/82000270
印　　刷：北京虎彩文化传播有限公司	经　　销：各大网上书店、新华书店及相关专业书店
开　　本：720mm×1000mm　1/16	印　　张：11.25
版　　次：2018 年 9 月第 1 版	印　　次：2018 年 9 月第 1 次印刷
字　　数：193 千字	定　　价：49.00 元
ISBN 978-7-5130-5730-1	

出版权专有　侵权必究
如有印装质量问题，本社负责调换。

前　言

邮轮产业是以海洋休闲度假旅游为核心带动关联产业的发展而形成的总体产业经济效应。邮轮产业依托海洋旅游为经营舞台，具有跨区域性、海洋文化传播性及世界文明载体性等特征，被誉为"漂浮在黄金水道上的黄金产业"及"漂浮的城市名片"，发展潜力巨大。当前，世界经济正处于深度调整期，中国经济进入"新常态"，正在砥砺前行。"一带一路"的战略构想构建了中国对外开放的新格局，为环南海国家区域合作注入了新的活力，为我国全面推进新一轮对外开放提供了新的契机，这些均为邮轮产业的发展奠定了良好的基础。

环南海国家包括中国、越南、柬埔寨、泰国、马来西亚、新加坡、文莱、印度尼西亚、菲律宾9个国家。环南海国家一直在积极推动邮轮旅游合作，它们互为域内主要邮轮旅游目的地和客源国。海上丝绸之路战略构想符合环南海国家和地区的共同需求，为各地区优势互补、协同发展创造了合作基础。邮轮产业作为海洋旅游经济发展的核心动力，其对区域经济发展的推动作用日益显著，逐步成为国际旅游岛区域经济发展新的增长极。通过环南海国家区域合作推动邮轮产业加快发展，对于"新海上丝绸之路"的建设，"一带一路"倡议的实施，促进海岛经济的可持续发展，增强海南旅游产业影响力意义非凡。本书拟从邮轮产业区域合作进行研究，深入探讨合作机理、合作模式及其对经济发展的促进作用，并提出促进产业发展的相关策略，旨在弥补该领域研究的不足，为邮轮产业助推经济发展提供理论参考和实践策略。

本书包括三个部分。第一篇是关于邮轮产业合作的理论及机制研究，主要探讨了邮轮产业对区域经济发展的影响机理、邮轮产业国际合作的动力机制、区域邮轮产业协同发展的机制等。第二篇主要研究环南海航区邮轮产业合作发展构想，具体包括环南海航区邮轮产业发展概况、产业合作分析、产业合作模式以及产业合作构想等方面的研究。第三篇主要探讨环南海国家邮轮产业合作背景下海南邮轮产业与区域经济发展。具体包括海南邮轮产业对区域经济发展的影响机理研究、邮轮产业促进区域经济发展的影响研究、邮轮产业对关联产业发展的影响研究，主要利用投入产出表研究了邮轮产业的前后向产业关联效应，并对海南邮轮产业对区域经济发展产生的影响进行了实证研究，最后提出邮轮产业促进海南区域经济发展的策略。

孙　妍

2017 年 12 月

目　录

第一篇　邮轮产业合作理论及机制研究

第1章　邮轮概述 ·· 3
　1.1　邮轮 ·· 3
　1.2　邮轮产业 ·· 4
　1.3　邮轮产业链及产品 ·· 5
第2章　邮轮产业国际合作的理论基础 ·· 7
　2.1　研究的理论基础 ·· 7
　2.2　国内外相关研究 ·· 9
第3章　邮轮产业国际合作的动力机制 ·· 11
　3.1　邮轮产业合作的动力机制 ·· 11
　3.2　邮轮产业合作动力机制的博弈分析 ···································· 14
　3.3　邮轮产业合作的利益机制 ·· 19
第4章　区域邮轮产业协同发展机制 ··· 22
　4.1　协同机制的理论分析 ··· 22
　4.2　区域产业协同发展的运行机理 ··· 23
　4.3　区域产业协同发展的动力机制分析 ···································· 24

第二篇　环南海国家邮轮产业合作构想

第1章　环南海国家邮轮产业发展概述 ··· 31
　1.1　环南海国家邮轮航区概况 ·· 31

1.2 越南、柬埔寨、泰国邮轮产业发展概况 ………………………… 33
1.3 马来西亚、新加坡、文莱邮轮产业概况 ………………………… 37
1.4 菲律宾、印度尼西亚邮轮产业概况 ……………………………… 42
1.5 南中国海邮轮航区及邮轮产业概况 ……………………………… 44

第2章 环南海国家邮轮产业合作 ………………………………………… 46
2.1 环南海国家邮轮产业合作的基础 ………………………………… 46
2.2 合作现状 …………………………………………………………… 53

第3章 环南海航区邮轮产业合作模式 …………………………………… 54
3.1 邮轮产业合作的必要性 …………………………………………… 54
3.2 邮轮产业区域合作的可行性 ……………………………………… 55
3.3 区域旅游合作空间发展模式 ……………………………………… 56
3.4 空间发展模式构建 ………………………………………………… 58

第4章 环南海国家邮轮产业合作构想 …………………………………… 60
4.1 环南海邮轮产业圈的基本特征 …………………………………… 60
4.2 环南海邮轮产业合作区建设的基本原则、目标和步骤 ………… 62
4.3 邮轮产业合作的关键 ……………………………………………… 63
4.4 环南海国家邮轮产业合作路径探索 ……………………………… 67

第三篇 邮轮产业对海南区域经济发展的影响分析及策略研究

第1章 导论 ………………………………………………………………… 75
1.1 研究背景与意义 …………………………………………………… 75
1.2 国内外研究综述 …………………………………………………… 76
1.3 研究思路与方法 …………………………………………………… 78

第2章 海南邮轮产业发展概述 …………………………………………… 80
2.1 海南邮轮产业发展概况 …………………………………………… 80
2.2 海南邮轮产业发展优势及挑战 …………………………………… 83

第3章 邮轮产业对区域经济发展影响的机理研究 ……………………… 86
3.1 邮轮产业链的构成 ………………………………………………… 86

3.2　邮轮产业对区域经济发展的影响 ……………………………… 87
第 4 章　邮轮产业对海南区域经济发展的影响研究 ………………………… 91
　　4.1　海南邮轮产业对区域经济影响的效应分析 …………………… 91
　　4.2　邮轮母港的经济效应研究 ……………………………………… 94
　　4.3　三亚国际邮轮母港对区域经济的带动效应 …………………… 96
　　4.4　结语 ……………………………………………………………… 100
第 5 章　海南邮轮产业对区域经济发展产生影响的计量分析 …………… 101
　　5.1　海南邮轮产业对区域经济发展贡献的实证分析 …………… 101
　　5.2　海南邮轮产业促进区域经济的计量分析 …………………… 102
　　5.3　邮轮经济推动力效应的动态分析 …………………………… 104
第 6 章　邮轮产业与区域经济发展耦合协调度实证分析 ………………… 106
　　6.1　引言 …………………………………………………………… 106
　　6.2　邮轮产业与区域经济协调水平模型的构建 ………………… 107
　　6.3　邮轮产业与区域经济耦合协调水平分析 …………………… 110
　　6.4　结论、政策建议与进一步研究展望 ………………………… 114
第 7 章　基于产业链投入产出表的邮轮经济产业关联度研究 …………… 116
　　7.1　国内邮轮产业关联度测算 …………………………………… 116
　　7.2　海南省邮轮产业关联效应与波及效应研究 ………………… 131
第 8 章　邮轮产业发展策略研究 …………………………………………… 141
　　8.1　邮轮产业的管理体制策略研究 ……………………………… 141
　　8.2　改善邮轮产业发展的软环境 ………………………………… 145
　　8.3　提高邮轮港口设施服务水平 ………………………………… 148
　　8.4　邮轮产业发展策略研究 ……………………………………… 151
　　8.5　创建南海邮轮产业发展的区域合作机制 …………………… 155
　　8.6　邮轮母港海域的环境保护及生态经济发展的可持续性 …… 159
　　8.7　结论 …………………………………………………………… 161
参考文献 ……………………………………………………………………… 162

第一篇 邮轮产业合作理论及机制研究

第 1 章 邮轮概述

1.1 邮轮

邮轮（cruise ship）最早是邮政部门用来运送邮件的交通工具，原意是指海洋上具有固定航线、固定航期的大型客运轮船或者运送邮件的轮船。"邮"字带有交通的含义，兼有运送旅客的功能，邮轮在送信送客的航行中兼具游览性质，在航空业飞速发展之前，洲际之间的邮递服务都是依靠大型快速客轮将信件和包裹从此岸运至彼岸。

董观志（2006）提出邮轮就是有确定的航线、确定的航期，能够在国际运送旅客的远洋客轮。王诺（2008）认为现在所称的邮轮盛行于20世纪80年代末，在水上航行，专门用于休闲度假，是生活与娱乐设施配备齐全的豪华船舶。孙晓东（2014）认为邮轮不仅仅是一种运送旅客游山玩水、欣赏美景的交通工具，而且可以作为人们休闲度假的综合服务平台。因此邮轮旅游既是一种交通方式，又是一种旅游目的地。

《新华字典》将"邮轮"定义为航行于海洋上的班轮邮船。

"维基百科"认为游船或邮轮是一种用于航行的客船，航行本身、船上的设施及沿途的不同目的地（即停靠港），都构成了邮轮旅游的组成部分。

"百度百科"指出，邮轮是航行于大洋的班轮、邮船和客船。

现代意义上的邮轮指的是航行于水域，专门用作休闲娱乐且生活设施配备齐全的豪华船舶，邮轮的生活娱乐设施为旅客提供了舒适的行程及愉悦的海上之旅。按照载客量的标准进行分类，可以将邮轮分为大型、中型和小型三类。分类标准为：大型邮轮的载客量为2000人以上，中型邮轮载客量为1000~2000人，小型载客量为1000人以下。按照航行水域的标准可以将邮轮划分为远洋邮轮、近洋邮轮和内河邮轮。远洋邮轮的航期一般为10~15天，近洋邮轮和内河邮轮的航期一般在7天左右或者小于7天。

1.2 邮轮产业

1.2.1 邮轮产业的概念

邮轮产业（cruise Industry）指的是以大型豪华海上邮轮为运载依托，通过远洋、近洋或是环球航行的方式，依托航线的设置及提供丰富的旅游产品以吸引游客。邮轮产业是一类复合型产业，主要通过大型海上邮船的航行进行海上观光旅游，并将世界各地联系起来。海洋休闲度假旅游构成了邮轮经济发展的核心，邮轮旅游通过乘数效应带动关联产业的发展，进而形成总体产业经济效应。作为新兴的高端海洋经济业态，它的基本发展模式为兴建港口及相关设施，以招揽邮轮停靠。

1.2.2 邮轮产业发展历程

（1）越洋客运时期

19世纪末至20世纪上半叶，人类穿越大洋的旅行以船舶为主，这是海上客运班轮的鼎盛时期。20世纪60年代初，横跨大西洋的班轮每年的旅客运载量达到100万人次。20世纪50年代后，随着喷气式客机投入商业运营，越来越多的旅客选择飞机出行的方式往返美欧大陆，越洋客轮逐渐失去了海上运输功能，这一时期往返美欧大陆的客轮运量下降到每年25万人次左右。

（2）客轮转型时期

这一时期欧美邮轮业者为了顺应市场趋势，不断尝试转变经营理念，开始着手改变船舶吨位、船舱空间及加装各种休闲娱乐设施。"二战"后，各大邮轮公司逐步推出了较短天数、较低价位的航线，不断推陈出新，丰富海上航行的休闲娱乐项目。随着乘坐邮轮价格的降低及娱乐项目的增多，不仅老年消费者增多，而且越来越多的年轻中产阶级旅客也参与其中。邮轮业者继续开发了地中海邮轮航线，通过邮轮航行将南欧爱琴海周边的希腊、西亚和埃及等地的景点串联起来。

（3）奢华邮轮模式时期

20 世纪初邮轮的服务对象，大都以余暇时间较多的中老年富商巨贾为主要客户群体。有别于其他交通工具的附属设施也成为邮轮旅游的一大特色，如"铁达尼号"（Titanic）客船，除装设有餐厅、酒吧、咖啡厅、游艺室、电影院外，还有舞厅、游泳池和健身馆等游憩设施，开创了邮轮产业竞相以各式奢华游乐设施招徕顾客的先例。

（4）邮轮公司寡头垄断时期

目前邮轮市场主要被全球三大邮轮公司所垄断，根据邮轮船队规模排序依次为美洲嘉年华邮轮、加勒比海邮轮以及以亚太地区为主力市场的丽星邮轮。各大邮轮公司不断增加新的运营船只，几乎以每月下水一艘新船的速度推进。新邮轮能够带来更好的成本控制、更高的效率，能产生更多的船上营收，能让邮轮公司提高票价，从而有助于增强公司的盈利能力。

1.3 邮轮产业链及产品

（1）邮轮产业链

产业链描述的是具有内在联系的企业群结构，强调相关产业或企业的分工协作关系，包含价值链、企业链、供需链及空间链。其实质就是不同产业之间的企业实现关联，企业间存在上下游关系及价值交换，分为联通产业链及延伸产业链。现代邮轮产业涵盖邮轮建造业、邮轮营运业、邮轮商贸服务业、邮轮航运服务业及观光休闲业等生产环节与服务环节，是一个多产业交叉的边缘产业。邮轮产业链向上延伸至邮轮设计制造与研发环节，向下延伸至港口服务、后勤保障、餐饮购物及金融服务等环节，是典型的延伸产业链。邮轮产业链纵向划分可分为上游的邮轮建造业、中游的邮轮营运业和下游的港口、金融、旅游商贸服务业等链环。邮轮旅游的发展将带动相关产业协同发展。梳理邮轮产业链的构成能够更好地分析该产业内部价值增值的过程，阐释邮轮经济背后各产业的相关关系。邮轮经济效应的形成发端于产业关联所产生的价值增值在产业链环间及经济区域内的扩散，邮轮上下游产业链形成纽带关系，各环节的价值活动推动了产业整体向前发展。具体来说，邮轮停靠的港口城市将成为国际邮轮乘客的集散地，一艘邮轮承载的乘客在观光之余主要目的即为旅行消费。邮轮将数千名乘客在短时间内一次性带入停靠的港口城市，游客的到来带动了港口城市的餐饮娱乐、休闲购物、住宿旅游等庞大消费。同时，邮轮修造业将带动造船业的发展，造船业被誉为"综合产业之冠"，船舶工业涉及多个产业部门，据统计，我国122个产业部门中有98个与造船业相关，关联面超过80%。例如，制造一艘万吨级邮轮，除需钢材数千吨、油漆数万升之外，还需通信导航等设备，如一艘造价5000万元的船舶需集聚上千种机器设备，其在产业链中滚动所产生的产值高达5亿元。

（2）邮轮产品供给的内容与特点

邮轮旅游产品兼具休闲旅游和海洋旅游的特点，它是以邮轮为依托来满足人们的休闲度假旅行需求的海洋休闲度假组合产品。邮轮既是交通工具又是旅行目的地，还是重要的海上休闲旅游载体，游客通过享受邮轮提供的美食、住宿、娱乐、海上休憩、岸上观光及购物等多项服务，完成邮轮旅行体验。邮轮本身和邮轮航线共同构成了邮轮产品。作为邮轮产品的重要组成部分，邮轮航线为游客提供旅行线路，包括邮轮母港、海上航行时间、邮轮靠泊港和邮轮目的地等要素。邮轮公司设计的旅游线路越多，提供的邮轮产品就越丰富。目前，国际大型邮轮公司提供的产品既秉承了西方贵族奢华的生活风尚，又融入了明显的时代及地域特征：一类产品成为出境游的一种，目前的航线主要集中在东北亚、东南亚、地中海航线和加勒比海航线；另一类产品的休闲娱乐度假功能更明显，邮轮本身就是一个旅游目的地。

第 2 章 邮轮产业国际合作的理论基础

2.1 研究的理论基础

2.1.1 区域分工理论

理论界对于区域产业分工合作的讨论起源于古典经济学家对国际贸易问题的研究。亚当·斯密最早提出了绝对优势论和地域分工理论，他在《国民财富的性质和原因的研究》一书中指出："劳动生产力上最大的增进以及运用劳动时所表现得更大的熟练、技巧以及判断力皆为分工的产物。"可见，劳动分工与专业化很大程度上提高了生产力。任何形式的社会生产都依托于一定的地理空间，劳动地域分工是社会分工的一种空间形式，是相互关联的社会生产体系在地理空间上的行为表现。此后大卫·李嘉图提出了基于比较优势论的国际分工模式，即某个国家或地区在某一类产品生产方面的成本相对低于其他国家和地区，那么该国家或地区专业生产这一类产品可以使区域内具有比较优势的资源得到有效利用，如此则提高了参与国际分工的各个国家或地区的经济福利，从而形成了基于生产专业化的劳动地域分工。

2.1.2 资源禀赋理论

资源禀赋理论是瑞典著名经济学家赫克歇尔和俄林在研究国际贸易问题时创立的，简称 H-O 理论。该理论基于李嘉图的比较优势理论，将比较优势研究的范围扩大到资本、资源、劳动力等多重要素上，通过相互依存的价格体系解释国际贸易产生的原因及分析一国进出口贸易的类型。赫克歇尔和俄林提出资源禀赋理论来解释区域分工原因及合作的方式。要素禀赋理论认为，各国或地区的资源禀赋不同，即生产要素的供给状况不同，是产生国际或区际分工及国际和区际贸易的基本原因。此后，琼斯（R. W. Jones）提出"区域比较利益论"，把 H－O 模式直接用于工业区位比较。20 世纪 80 年代后期，克鲁格曼（Paul R. Krugman）等经济学家提出的"新贸易理论"大量运用产业组织理论和市场结构理论来解释国际贸易，指出国家和区域间的贸易是建立在比较优势和要素禀赋基础上的。资源禀赋理论实质上也是一类比较优势学说，强调不同的国家或地区应根据其自身的资源禀赋情况，研究区际之间的互补性，从而进行区际合作以实现最大利益。

2.1.3 协同理论

"协同理论"一词来自希腊语，意指关于"合作的科学"。协同论产生于 20 世纪 70 年代，也称为"协同学"或"协和学"（synergetics），代表人物是赫尔曼·哈肯。协同理论以系统论、信息论、控制论和突变论为基础，吸收了结构耗散理论的论点，运用统计学和动力学方法对不同领域进行分析，提出多维空间理论，利用数学模型研究各种系统在远离平衡态时通过子系统之间的协同作用，从无序态转变为有序态的共同规律。协同论广泛地应用于自然科学和社会科学领域，"协同效应"广泛地应用于经济学资源优化配置方面的研究。区域协同效应对各个次区域能够形成激励，有利于提高区域生产专业化及协作能力，能够将分散的个别地区优势转化为整体经济优势，进而促进区域产业分工与协同发展。

2.1.4 区域旅游空间合作理论

区域旅游空间合作理论包含两部分内容，即区域经济合作理论和外部规模经济理论。区域经济合作理论认为：不同的国家、地区间存在不同的商品、服务、资本、技术及信息等资源，各个地区通过相互融合、相互依赖，在互惠互利的基础上通过合同、章程、协议等手段建立各种联系以获得最高经济利益。美国学者马歇尔于 1980 年提出外部规模经济理论，该理论认为在其他条件一定的前提下,国家或行业生产规模较大的地区比生产规模较小的地区经济效率更高。对于区域旅游合作而言,相关企业或产业在某一地区范围内集聚的最优规模所产生的经济效益就称为"外部规模经济理论"。

2.1.5 博弈论

博弈论是关于决策和策略的理论。博弈论主要研究决策主体之间的关系,特别是决策主体行为之间的相互影响和作用、主体之间的利益冲突与一致、竞争与合作问题。博弈论一般可以分为合作博弈和非合作博弈。合作博弈强调集体理性,强调集体利益最大化;非合作博弈强调个体理性,以个体利益最大化为目标,在博弈过程中追求自身效用最大化。区域旅游合作中广泛存在着博弈行为。

2.2 国内外相关研究

2.2.1 关于邮轮产业国际分工的研究

Wood(2002)探讨了加勒比海邮轮产业全球化分工的三种表现形式,即全球竞争、资本流动、劳动力转移背景下的行业调整。马聪玲(2013)指出邮轮旅游产业链各个环节在全球范围内分工布局,既存在不同产业间的分工,也存在同一产品不同环节的分工。

2.2.2 关于邮轮产业区域合作机制的研究

J. Anthony Hall 和 Ron Braithwaite(1990)指出加勒比海地区政府与邮轮旅游企业的合作对发展邮轮旅游将起到重要作用。东盟10国(2008)编制了《东盟邮轮经济协调发展规划》。Puruipa Tirakupisu(2015)认为加强中国与东盟城市间在邮轮经济领域的合作与发展将惠及城市发展。王帷洋(2008)认为政府应该成为环渤海区域邮轮经济的合作主体,促进邮轮行业协会和邮轮企业的区域合作,区域邮轮合作机制包含政府间及邮轮旅游企业的合作。魏培育（2012）提出海峡两岸邮轮经济的合作必须以政府、邮轮行业协会和邮轮企业的三方合作为基础。李霞（2014）提出构建长三角邮轮经济共同体，认为专业化的分工和区域协作制度的建设是长三角地区邮轮产业联动的保障和关键。柳礼奎（2015）认为强化市场主导的动力机制，理顺京津冀邮轮市场结构，是京津冀邮轮旅游区域合作的基础。

2.2.3 关于邮轮产业区域合作方式的研究

Jesper Dinkla（2005）认为跨国港口应该建立一种新的区域合作关系来发展邮轮经济。门达明（2015）提出通过南海邮轮港口和航线建设及组建邮轮公司和船队，进而培育邮轮旅游消费市场以实现南海邮轮旅游区域合作。谢睿琳（2015）提出利用港口优势以中国港澳台地区丰富的旅游资源构建邮轮旅游圈。倪菁（2016）从邮轮航线的合作开发、邮轮市场的合作共建和邮轮人才的合作培养角度提出了闽台合作开发邮轮旅游市场的设想。

第3章 邮轮产业国际合作的动力机制

邮轮产业合作机制是区域产业经济协作系统中各要素间相互促进、相互制约的关系及运转方式。为实现邮轮产业的协同发展，需要构建跨国界的区域产业合作机制，促进区域公共资源的有效利用和规模经济的形成。

3.1 邮轮产业合作的动力机制

3.1.1 邮轮产业合作组织

邮轮产业合作过程会形成区域产业合作组织，合作行为的产生源于主体对组织租金的追求。邮轮产业合作组织首先是一个经济组织，因产业合作具有经济动机，成本利益的比较是合作各方的基本逻辑。邮轮产业国际合作的主体包括各国政府、邮轮企业、行业协会组织、民间组织及邮轮消费者。其中，最重要的三大行为主体是政府、邮轮企业和邮轮行业协会，民间组织和消费者是重要的参与力量。区域产业合作主体的行为相互交织，共同营造合作的平台。以下从界定邮轮产业合作组织的内涵入手，对合作的动机和条件进行分析，从合作组织的角度探讨合作的动力机制及实现路径。

（1）政府

政府推动邮轮产业发展一般会经历3个阶段：①导入阶段，各国政府为扶持邮轮产业发展，参与产业链各个环节的规划设计；②成长阶段，随着邮轮产业的蓬勃发展，产业利润率不断提高，从而成功吸引了其他利益主体投资邮轮产业，政府为引导邮轮产业有序发展制定了相应的法律法规；③成熟阶段，政府在邮轮产业发展过程中承担了调控协调的功能，通过协调各个行为主体的利益关系力求提高邮轮产业的收益。

(2) 跨国邮轮公司

跨国邮轮公司是推动邮轮经济发展的微观主体，是实现各国邮轮旅游发展目标的具体执行者及核心力量。跨国邮轮公司在开发邮轮旅游资源、设计旅游线路、规划市场营销时经常会遇到资源、基础设施、邮轮线路、环境污染、旅游冲突跨国界等问题。此时需要国家之间、邮轮公司之间联合行动，仅靠单个国家和邮轮公司独立解决问题，会因牵涉成本、技术、利益关系等因素达不到预期效果。跨国邮轮公司之间如果采取合作行动，就可以科学合理地利用资源，有效协调彼此之间的利益关系，共同优化产品结构，扩大市场份额，增强经济实力。

(3) 邮轮行业协会组织

邮轮行业协会组织包括邮轮设计制造企业、邮轮运营管理公司、旅行社协会、船舶运输行业协会等，其本身是跨区域的邮轮行业合作组织。邮轮行业协会在政府与企业、企业与消费者之间起着桥梁纽带的作用，它是一个沟通协调各方关系的中介机构，在邮轮产业发展过程中起着协调、服务的作用；作为非营利性质的中介组织，它可以组织制定行业标准，参与解决国际邮轮市场争端等。

目前，国际邮轮产业合作出现如下特点：首先，国际邮轮产业合作的前提和基础是政府间的合作，不同国家之间主权的划分可能会导致贸易保护主义盛行，政府间的合作能够消除贸易保护主义带来的利益损失，促进资源自由流动，进而带动企业和非政府组织之间的合作。其次，国家和地区间的邮轮旅游合作会促成区域旅游合作组织的形成，这类组织能够为邮轮发展提供全方位的服务，推动邮轮旅游产业合作的顺利进行。再次，随着国际邮轮产业合作进程的加快，合作主体从单一的政府主体形式向多主体发展，如邮轮企业、旅游组织、邮轮教育机构和非政府组织都加入了合作的行列。最后，邮轮产业的多元性和综合性促进了各国经济的发展，缩小了各国之间经济发展的不平衡，减小了地域差距，推动了区域经济发展。

3.1.2 邮轮产业合作组织的成因及性质

邮轮产业合作组织是一个典型的自组织，即通过组织内部的自我组织和协同趋向某一目的，成员参与这一组织是以平等、互利和资源互补为基本原则的。组织的基本运行是以国家间的协调和市场配置资源为基础的。组织租金是形成产业合作组织的动因之一，租金就是形成组织所能得到的净收益，即区域内各国组建合作组织比不组建合作组织所能得到的净福利的增加，包括组建合作组织的总收益和总成本两部分。邮轮产业合作组织追求旅游资源和生产要素配置效率的提高，通过合作取得竞争优势，区域合作的逐利性决定了邮轮产业合作组织的逐利性。邮轮产业合作组织是为追求组织租金最大化而形成的区域性互利竞合型组织。邮轮产业合作组织的性质有如下特点。

（1）互利性

合作组织所在地国家、地方政府、企业等参与主体在组织功能和利益上的平等互利是合作组织健康发展的重要基础。市场交易关系是邮轮产业合作组织产生、演变的决定性力量，自愿互利是基本特征。一般来说，合作组织互利包含3层含义：①参与各国都能获得利益；②所获得利益的多少与各国的投入大体相等；③利益的表现形式可以不同，但所获利益要对等。

（2）竞合性

邮轮产业合作各国之间是竞争与合作并存的竞合关系。这种竞合性表现在3个方面：①成员国通常在组织合作范围内进行合作，而在合作范围之外的领域可能是竞争对手；②合作组织是为获得更大的竞争优势而进行的合作，合作可能导致新的竞争；③成员国通过合作创造价值、获得价值及财富增值的协同效应，并在价值分配时展开竞争。

（3）非平衡性

邮轮产业合作组织内部的不同国家具有非平衡性，既表现为资源分布的非均衡性，也表现为各国经济发展程度的非均衡性，这种非平衡性的存在推动了区域内各国之间的相互联系与作用。由于各成员国仅有有限的资源及要素，为了生存和发展需要与其他国家进行合作，从而推动了组织内部市场的优化。区域内各国的行为还要受其他国家的影响，因此存在一定的不确定性，这种不确定性引导组织内部不同国家产业的经济行为，进而优化资源配置。

3.2 邮轮产业合作动力机制的博弈分析

3.2.1 合作动力机制的内涵

（1）经济机制

经济机制原意是指社会经济体系中各种构成要素之间的有机联合和相互作用，及其对资源配置或利用时所起到的调节功能。经济机制作为一种体系，由经济组织、经济杠杆、经济政策等构成，是组织和管理经济的一个广泛而复杂的体系，包括相互制衡的社会经济要素之间的整合、管理经济发展的机构、经济发展的方针政策及影响经济发展的杠杆。产业合作组织中体现的经济机制是指合作组织中各个国家之间的产业合作和相互影响。

（2）激励机制

国际合作的主体是各国政府，政府的激励机制强调的是各国政府、相关企业在推进产业合作进程中的动力与积极性。经济资源在组织成员间配置的过程与规则构成了激励的经济机制，在自由选择、自愿交换、信息不完全等分散化决策条件下，通过机制设计，可以推动经济活动参与者的个体利益和设计者的既定目标达成一致。激励机制设计理论中的显示原理把社会选择问题转化为博弈论可处理的不完全信息博弈，之后的学者又将其拓展到更一般的贝叶斯纳什均衡上。

（3）约束机制

域际合作形成较为松散的合作组织，这就需要通过建构相应的约束机制来调节彼此的行为，达到互信互利的目的。借助约束机制可以简化复杂的利益协调行为，进而通过完善法律法规可以有效约束跨区域合作中各个利益主体的行为。利益约束机制包括硬约束与软约束两种方式，硬约束就是当利益主体违反合作协议或履行义务违反协议时，必须承担政治责任、经济责任或法律责任。软约束是各利益主体的自我约束，这种约束来源于其违背国际合作协议可能造成的损失，如取消优惠政策、减少合作项目或取消其参与合作组织的资格等，以迫使其遵守合作政策。

3.2.2 邮轮产业合作博弈涉及的问题

第一，产业合作的内涵。邮轮产业合作分为全面合作和部分合作两种情况。全面合作指的是参与合作的各个国家或地区在邮轮产业发展的各个环节进行合作，如设计建造邮轮、开发邮轮旅游资源、改善旅游环境、促销旅游产品、规划邮轮旅游线路等方面。部分合作是指参与合作的各个国家或地区在产业发展的部分环节进行合作，合作的深度和广度均有限；同时，参与合作的主体之间存在既竞争又合作的复杂关系，跨国合作的复杂性导致部分合作成为产业合作的常态。

第二，产业合作的主体。产业合作的主体主要包括参与合作的各国政府及邮轮相关企业，前者包括主管邮轮发展的部门、其他政府部门和社区组织等，后者包括邮轮公司、餐饮娱乐企业、交通运输企业和邮轮产品销售企业等。产业合作的外延主体包括传媒机构、非政府组织及当地居民。

第三，产业合作的内容。邮轮产业合作的内容包括邮轮旅游资源开发、旅游市场共享、旅游环境改善、邮轮产品联合促销、邮轮商品开发及邮轮设计建造等。

第四，产业合作的收益。邮轮产业合作的收益来源于各个合作主体的优势互补，其中包括资源优势及产业优势合作所产生的整合收益等。合作扩大了生产要素的流动区域，提高了要素的利用率。同时，各合作主体为了提高合作效率优化了管理模式。

第五，产业合作的模式。产业合作的模式可以从主导因素、参与合作的各国关系、合作区域的空间结构等角度进行划分。产业合作主导因素包括战略联盟、合作营销、风险共担、价值增值、资源合作等。从产业参与国角度可以划分为邮轮旅游目的地和客源地的合作、目的地与目的地的合作等。从合作区域的空间结构角度划分，产业合作可以划分为核心边缘模式和网络型模式等。

第六，产业合作的方式。合作的具体方式可以划分为邮轮公司横向一体化、邮轮企业集群、资本联合等。从合作参与主体联合方式的角度，可以划分为区域利益主体间的合作、邮轮企业间的合作、公共部门和私有部门间的合作、邮轮及其他相关产业间的合作。

确保产业合作建立的关键是要掌握产业合作形成的内在机理，其实质是研究产业合作的动力机制。博弈论是描述和研究决策主体之间策略相互依存和相互作用的一种决策理论。博弈论是研究决策主体的行为发生直接相互作用时的决策以及这种决策的均衡问题。在博弈论看来，一国的经济利益不仅依赖于自身的决策，而且依赖于他国的选择，一国的最优选择是其他人选择的函数。各方进行产业合作的初衷在于合作时所产生的利益大于不合作时的利益，参与各方可以通过合作获得更高的收益；但是，各方收益的递增并不能确保产业合作能够持续进行，合作的可持续性更多是建立在各方策略选择之后所形成的博弈均衡，下面将从非合作博弈的角度来分析产业合作的动力机制。

不同形式的博弈对于合作有不同的要求，博弈各方的利益越是互相抵触，它们就越有可能互相背叛，合作也就越难产生或保持，反之，各方利益越相似，合作就越有可能顺利进行。利益结构取决于博弈者对自身利益的定位和理解，为理解相互利益程度，需要分析利益如何被理解及偏好如何被确定。理解这一过程的方法涉及利益变化，博弈对抗性的大小与博弈者利益的对比、预期及变化相关。

3.2.3 邮轮产业合作完全信息动态博弈

邮轮产业国际合作的参与方包括两个或两个以上的国家或地区。各国政府和邮轮企业构成合作的主体部分，非政府组织、公众和传媒构成合作的外延部分。在现阶段，邮轮产业国际合作更多的表现为以政府主导的合作格局，以下将从各国政府的利益、合作产生的收益及合作成本等方面进行比较研究，进而决定各方是否应该合作。

两个国家在博弈的过程中形成囚徒困境模型,即合作对两国都有利的情况下,保持合作也是困难的。邮轮产业合作涉及多个国家,博弈的参与方因此超过两个国家。多国博弈可能推动新的合作形式出现,以下就是对多国博弈格局下邮轮产业国际合作的研究。

多方博弈的参与人集合为 $N = \{1, 2, \cdots, n\}$,由 N 中的非空子集 D 组成的集合 D 是可允许联盟,对于任意 D,有 D 包含于$\{D\}$,给定数 $v(D)$ 为联盟 D 的值,实际情况是,$\{D\}$ 中一方联盟对于研究邮轮产业合作意义甚微,因此将一方联盟的值赋为 0。$i \in \{D\}$,$v(i) = 0$,联盟的现实效应体现在 $v(D) \geq 0$,$D \in \{D\}$。理论上,我们得到一个数组 $(x1, x2 \cdots xn; D1, D2 \cdots Dm)$,其中子集合$\{D1, D2, \cdots, Dm\}$互不相交,每个子集都代表一种博弈的结果,参与人分成不同的联盟,$\{D1, D2, \cdots, Dm\}$,在每个联盟中,联盟成员分享联盟收益,也就是联盟的值 Xi,$i = 1, 2, \cdots, n$。在博弈中,每个人都试图得到他认为能够得到的最大化收益,因此 $Xi > 0$ 成立,而 $Xi < 0$ 是不可能成立的。联盟形成的条件为"联盟中的某些成员是不可能通过组建其他的可允许联盟而获得更多利益的"。

在博弈的过程中,联盟中的各个参与方不仅期望能够获得最大收益,而且期望自己所处的联盟是安全的。既能获得收益又能保证安全的联盟便是可以持续发展的。在联盟形成之前,每个参与方都会尽力使其合作方相信他在某种程度上是强者,以便形成有利于自己的联盟。多方博弈的目的是达成稳定性,稳定性体现为每个参与者的权利。如果区域旅游合作完全信息动态博弈能够反复地无限次进行下去,则无限次重复博弈便成为多国形成合作的一个有效途径。

(1) 博弈三方联盟的确立

假设国家 1、国家 2、国家 3 参与多国博弈,且三个国家在实力方面势均力敌,对于每个国家来说,与其他国家博弈只有两种情况:合作与不合作。超过两方的博弈通常会缺乏明确的目的性,此时博弈各方无法仅仅将追求本国利益最大化作为唯一目标,因此多方博弈的最终目的是"达成某种稳定性"。这种稳定性在某种程度上代表了参与国的权利。

三方联盟的收益大于等于任意两方联盟所获得的利益时,三方联盟才可能形成，否则将会出现对抗而不是合作。这种情况可以类推到多国联盟的形式，多国联盟形成的基础是建立国际合作组织，即各国参与其中，各国经过多轮磋商会谈达成各方认同的国际合作组织协议，该协议对参与联盟的各方都具有约束力。如果合作组织的某个成员国违反协议的相关规定，那么其他国家可以联合起来对其进行还击，当一个国家的力量无法抵挡多个国家的还击时，其采取"不合作"的战术显然不是最优选择。

(2) 博弈的利益目标

设存在国家1、国家2和国际合作组织3，博弈的收益为 $v(1)$、$v(2)$、$v(3)$。国家1和国家2并未结盟，各自单独应对危机便存在不确定性，因此两国均期望通过国际合作组织获得稳定的收益。设国家1和国家2在不结盟的情况下得到的收益为零，即 $v(1) = v(2) = 0$。

假设参与博弈三方的集合为：

$K = \{1, 2, 3\}$

$v(1) = v(2) = 0$

$v(12) = a, v(23) = b, v(13) = c, v(123) = d$

$a, b, c, d \geq 0$，假设 a、b、c 存在三角函数关系，那么博弈矩阵如下表所示：

	国际合作组织3			
	同盟		竞争	
	国家2		国家2	
	同盟	竞争	同盟	竞争
国家1 (同盟)	d	13, 2	1, 2, 3	0, 0, 0
国家1 (竞争)	1, 23	0, 0, 0	0, 0, 0	0, 0, 0

三方达成同盟的条件是：$d \geq a, b, c$ 和 $d \geq (a+b+c)/2$。在两个条件都满足的条件下，国家1、国家2和国际合作组织3都能得到期望的收益，如此才能达成三方稳定的同盟，即各方合作之后的收益均大于合作之前的收益。以上三方联盟的方式同样适用于多国联盟的情况。

3.3 邮轮产业合作的利益机制

国际邮轮合作是由不同利益主体构成的合作型系统，各个合作国家是在考虑自身利益最大化的基础上接受合作，如何协调不同国家利益主体之间的利益分配将是国际邮轮合作的核心问题。只有形成一致有效的利益激励机制，成员间才能够实现合作行动，合作后的收益与没有合作前相比较，合作组织的整体收益与合作方的个体收益均得以增加，利益最大化是成员合作的首要目的，合作整体实现利益最大化并不是成员方最期望得到的结果。合作成员即使实现了合作最优，也必然要求将合作总收益进行适当的分配，比如实现成员的利益能够以任意比例分配，或减少对分配比例的限制。

3.3.1 构建利益机制的原则

（1）市场机制原则

区域产业合作利益的分配离不开市场机制的作用，参与各方利润最大化的动机推动了资本及生产要素的流动，重新配置及整合了域内要素，相关产业的横向及纵向合作能够产生规模效应，深化产业分工，优化配置各国的产业资源。市场机制通过供给与需求的相互作用及灵敏的价格反应支配经济运行，实现资源的最优配置，即实现帕累托最优。价格机制的运作直接决定了资源流向不同的产业、不同的地区、不同的企业。市场机制作为资源配置的方式，借助供求机制、价格机制和竞争机制实现资源配置。

（2）合理设计制度原则

合理的制度设计是实现利益合理分配的前提保障。制度设计应遵循效率原则、交易费用最小化原则、激励相容原则及帕累托改进等原则，同时与惯例和意识形态相结合。在多国产业合作框架下，合理构建各方的利益分配及共享制度，扶助比较劣势的国家，激励比较优势国家，实现强者越强、弱者不弱。找准各方利益的契合点，拓展共同利益，推进整体利益最大化，并在体制上制约各利益主体的行为。

(3) 法律手段原则

法律手段是一种运用法律规范和具有法律规范性质的各种行为规则进行管理的方法。区域产业合作机制的法律手段原则体现在，通过法律规范区域利益的分配，明确合作各方的权利和义务，特别是要设定惩罚性制度以防范合作中出现的机会主义行为，法律手段可使合作管理规范化和制度化，利用利益约束机制、分享机制和抵偿机制协调好邮轮产业合作中不同主体之间、不同产业之间、不同地区之间的利益分配。

3.3.2 利益机制的内涵

在邮轮产业合作系统中，利益相关者形成了系统中的内生变量，是跨国邮轮产业合作的主导力量。对于跨国产业合作中出现的不和谐因素，必须建立一种协调的组织关系，建立公正的参与机制和分配机制，使各利益主体能够在产业合作中找到利益平衡点。利益机制包括三个方面：利益分享机制、利益约束机制和利益抵偿机制。

(1) 利益分享机制

在邮轮产业合作的进程中，参与国际市场竞争的各国利益主体都有自身利益的选择和期望。利益分享机制就是通过在利益主体之间协调各国产业发展政策、制度设计来实现跨国利益分享。利益分享的目标是利益均衡、互利共赢。在共同利益不断增进的同时，各个参与方的利益也得到不断丰富和发展，多国建立有效的利益共同体。区域利益分享机制，包括由市场机制、合作机制、互助机制、扶持机制等组成的互动机制和由资源利用补偿机制、资源利用收益分享机制、资源维护补偿机制及环境保护投入补偿机制等组成的补偿机制。国际邮轮产业合作的目标就在于拓展空间范围，在原有分工格局的基础上，促进合作区域的旅游流、信息流、资金流、技术流的流动，推动邮轮产业区域分工的形成。区域分享机制扩大了企业营销网络与客源市场半径，驱动不同地域的产业要素达到最佳配置效果。

(2) 利益约束机制

在个体利益最大化的导向下，各国为了实现自身利益最大化，可能会出现过度干预市场的行为，由此会导致地区间的利益冲突。利益约束机制正是基于这样的考虑建立的，一方面通过健全制度规范，对参与各国进行有效的约束，对合作中可能出现的利益壁垒，规定各方的权利和义务；另一方面对各国合作中可能出现的类囚徒困境的博弈问题提出解决方案，创造相对公平的竞争环境和合作环境。

(3) 利益抵偿机制

邮轮产业合作的利益抵偿机制以公平性为原则，以市场调节为基础，通过建立合理的抵偿制度，实现区域内部的二次分配，发达地区和欠发达地区由此形成利益抵偿与平衡。具体来说，各参与方之间通过人流、资金流、物流等的互动，实现利益抵偿。例如，通过经济发达国家向发展中国家输送低息或无息贷款等转移支付，加强其基础设施建设和人力资本的积累，达到合作共赢的目的。

第4章　区域邮轮产业协同发展机制

4.1　协同机制的理论分析

协同是指两个或两个以上的个体通过沟通和协作共同完成某一目标的过程或能力。把"协同"作为一门学科进行研究始于德国物理学家赫尔曼·哈肯和美国战略管理学家安索夫。哈肯从物理学角度定义"协同"：系统各部分之间相互协作，整个体系组合成新的结构。安索夫在《公司战略》一书中提出了协同的概念，公司内部各部分在资源协同共享的基础上，形成共生共长、互补互促的关系，即为协同。协同学是关于协作的科学，也是一类自组织理论。协同学主要研究系统内部各要素在远离平衡态的开放系统中的运动过程，认为系统各要素之间的协同构成自组织过程的基础，系统内各序参量之间的竞争和协同作用促进系统产生新结构，从而有效提高整个系统的效率。一般可以从宏观、中观和微观三个层面描述系统，协同学主要从中观层面描述系统。

协同理论的主要内容包括以下三个方面。

(1) 协同效应。协同效应是指复杂系统中各要素存在非线性相互作用，当外界控制参量达到一定阈值时，这种要素间的相互作用占主导地位，产生较强的"相干"效应，从而使整体协调效应增强，大量子系统发生协同作用而导致整体效应产生 1+1+1>3 的效应。协同作用是系统有序结构形成的内驱力。协同效应说明了系统存在自组织现象。

(2) 伺服原理。也称役使原理或支配原理，它是协同论的基本原理及核心内容。协同论认为系统的状态可通过一组状态参量来描述，这些参量随时间的变化程度是不同的，一类变量随时间变化快，以指数形式迅速衰减，弛豫时间很短，被称为快变量。另一类变量随时间变化很慢，弛豫时间很长，被称为慢变量。事物变迁存在快变量和慢变量，快变量很容易就能实现目标，但慢变量自身变化慢、所用时间长，所以事物变化能否完成不是取决于快变量而是取决于慢变量。

（3）自组织原理。自组织是指系统在没有外部能量流、信息流和物质流进入的条件下，其内部子系统之间能够按照某种规则从无序到有序形成新的结构和功能，具有内在性和自生性的特点。当外界条件发生变化时，系统会主动适应这种变化，引发子系统间出现新的协同，从而形成新的时间、空间或功能的有序结构。这里所说的系统都是由多个子系统构成的，当子系统间因相互关联引起的"协同作用"占主导优势时，就意味着系统内部已经自发组织起来了，这时协同便处于自组织状态，系统便具备了相应的功能和结构形态。

4.2 区域产业协同发展的运行机理

区域产业协同发展是一项系统工程，在产业协同发展过程中，随时进行着物质、能量与信息的交换与传递，符合开放性及非线性因素的自组织特征。区域产业协同发展经历了两个阶段，分别是自调整阶段和自尝试阶段。在自调整阶段，当内外部环境变化较小时，系统自身只需进行行为和结构的微调即可适应环境变化；当内外部环境变化较大时，微调也无法消除环境变化带来的影响时，系统就需要对要素和结构做出大幅度调整才能适应环境变化。无论是微调还是大幅度调整，系统以自适应环境为主旨，很少利用自身力量改变环境。由于外部环境发生变化和自身发展的需求，区域产业协同发展系统为追求更高层次的发展，就要主动适应外部环境和自身需求的变化。

区域产业协同发展离不开合作各方信息的互流和整合。在整合的过程中各发展主体找出有用的信息，去除无用的信息，目的是帮助区域产业主体有效决策。开展区域产业协同发展活动之后，合作组织需要对协同发展的所有环节进行整体协调，统筹规划各个国家、各个相关产业和各个相关组织等的活动。

各个协同主体在自我尝试阶段充分体会到了协同发展的重要性，开始积极寻求实现协同。协同参与主体尝试不同的方法和措施力求达到协同的效果，在实验的过程中，有的方法和措施具有普遍适用性，有的方法和措施可行性较差。通过不断地尝试，各协同主体归纳总结出合适的方法和途径，最后在协同的方式和途径上达成一致。之后各个主体逐步适应了该协同的方法和途径，并自觉地遵守这些已经达成的共识和采用行之有效的方法，无须外力干预也能自觉完成，即达到自适应阶段。

4.3 区域产业协同发展的动力机制分析

4.3.1 区域产业协同发展的动力源

区域产业协同发展的动力来源于两个部分：一是驱动产业协同发展的内生动力；二是驱动产业协同发展的外生动力。一般而言，外生动力包括自然资源、物质资本、人力资本等要素投入和政府的干预，它是时间的减函数，在外生动力内化和新的外生动力的替代效应作用下，外生动力随时间的推移而递减。内生动力是时间的增函数，包括内需的扩大、技术进步、人力资本积累、产业结构优化和制度的完善等。

各个合作主体追求自身利益最大化是产业协同发展最大的内驱力。根据协同学的观点，区域合作内部各个子系统之间的协同取决于各自发展的目标，而各国参与合作的本质是追求经济或社会利益最大化。因此，产业协同发展的关键动力源和直接动力源就是追求利益最大化。在产业协同发展的初级阶段，产业发展主体追求利益最大化是基本特征，当协同状态远大于非协同状态创造的价值时，协同将主导产业合作进程，引导产业不断向高阶有序阶段发展。在产业协同发展的进程中，每一个协同行为能否实现可持续，取决于协同价值与预期价值的对比。如果协同价值高于预期，参与协同的国家将会非常满意，协同行为将会持续，协同组织通过涨落会发生突变即非平衡相变（由混沌无序状态转变为在时空及功能上的有序状态），在伺服原理的作用下形成系统演化的巨幅涨落；如果协同价值低于预期，也就是协同发展弊大于利，无法保证各参与方都获利，那么没有获利的主体将会退出协同组织，涨落将会平息，协同发展不再持续；如果协同价值接近预期，各个参与国家并未从协同组织中获得更多的收益，协同发展同样无法持续下去，涨落平息。

区域产业协同发展能够为各参与国带来协同价值，协同价值作为协同发展的直接动力，一旦形成将会支配区域内各参与主体的行为活动，行为将逐步形成协同认知，协同认知使各主体的协同发展成为自觉行为。当协同成为自觉自发行为时，即便主体利益短期受损，协同行为仍能继续。因此，区域产业协同发展在动力机制设计上，应着重于缩短协同价值的形成周期，通过营造和改善内部发展环境为各主体产业发展创造条件，从而推动协同认知的产生。

4.3.2 区域协同发展的动力机理分析

（1）基于伺服原理的区域邮轮产业协同发展动力机理分析

区域产业协同发展过程中存在两类变量：快变量和慢变量。慢变量数目较少，随时间变化缓慢，对相变起决定性的作用。快变量数目繁多，随时间变化很快，对相变不起决定性作用。快变量在合作组织受到干扰而偏离稳态时，总是倾向于使合作组织重新回到原来的稳态。慢变量在合作组织受到干扰而偏离稳态时，总是倾向于使合作组织更加偏离原来的稳态而走向非稳态。慢变量不仅决定系统的相变过程，而且对快变量具有支配作用。由此可见慢变量是导致区域产业协同的原因，也是产业协同最终达成的目标。在区域产业协同发展中，要尽快使各个参与国看到协同发展带来的好处，重视慢变量。在多国邮轮产业协同发展过程中，地域利益协调是慢变量，产业协同发展最根本的推动力是解决利益分配。

（2）基于涨落原理的区域邮轮产业协同发展动力机理分析

合作组织具有开放性，在运行中必然会受到内部因素和外部因素的共同作用。随着时间的推移，一些因素逐渐成为主导合作组织的力量，这些主导性因素被称为序参量，而其他非主导性因素被称为控制参量。在控制参量的影响下，合作组织开始从平衡态转向非平衡态，当变化超过阈值时组织将会进入不稳定状态。协同作用与相干效应使得某种十分微小的随机涨落迅速放大，在区域产业协同发展过程中存在大量的小涨落与大涨落，如区域内邮轮运营企业的行为，跨国邮轮公司之间的竞争与合作；区域内各国政府的行为，如产业政策的制定和实施；区域内邮轮消费者的行为和观念等。以上都是邮轮产业协同发展过程中的主要涨落因素。邮轮产业协同发展中出现的大小涨落均需要引导，因组织具有非线性特征，任何负面的微小涨落，如果不加以及时引导，通过非线性作用都可能对整个组织产生巨大破坏；反之，任何正面的微小涨落如果加以引导，经过一段时间的积累，将会形成引起系统突变的巨涨落，这将导致系统从不稳定状态向一种新的稳定状态转变。

（3）基于耦合原理的区域邮轮产业协同发展动力机制分析

耦合指两个（或两个以上）系统或运动形式通过各种相互作用而彼此影响的现象。根据耗散结构理论，区域产业自组织发展系统各参与方的交互耦合是一个动态涨落过程，在自组织模式中，合作组织内部各参与方根据某种规则，自发构成某种组织结构和功能。区域产业发展受多重因子的影响，其中主要包括正效应因子和负效应因子。当正效应因子起主导作用时，表现为产业发展速度加快，随着正效应因子的力量逐渐减弱，负效应因子的作用逐渐凸显，协同发展的速度受到阻碍，发展的过程表现为对负效应因子的克服过程，正负效应因子的作用使区域产业协同发展的进程加快或是停滞。协同作用决定了邮轮产业合作组织内部各国的合作能力，是各国产业元素耦合联系的中介，是区域产业结构有序稳定发展的原因。这种协同作用力能够促使各国产业、构成要素围绕着合作组织的总目标产生协同放大作用和相干效应，即合作组织的整体功能大于局部功能之和，最终达到区域产业发展的协调状态。

4.3.3 区域邮轮产业协同发展的动力机制构建

区域邮轮产业发展动力机制包括两个方面，即动力生成机制和组织推动机制。邮轮产业协同发展的主体由参与国政府、地方政府、微观利益主体共同组成，各个协同发展主体关注的利益有别，并在协同发展过程中取得各自的利益。产业发展组织机制具有内生性特征，在动力生成机制方面，自内而外和自外而内的路径相结合，各国政府、各地区政府、企业及消费者共同组成利益驱动集团，产业协同发展的利益分配是多方博弈的结果。动力生成机制是协同发展的力量源泉，由于协同发展需要综合各方利益，稳定的协同发展模式便是一个多赢的结果。组织推动机制就是召集协同发展参与国和实施主体形成发展推动集群，合理调配发展资源的机制。组织推动机制可以有效连接协同主体和发展资源的纽带，并要求各协同主体掌控推进发展的各项资源，组织推动机制决定了协同发展的可行性和发展速度。

第二篇 环南海国家邮轮产业合作构想

第1章　环南海国家邮轮产业发展概述

1.1　环南海国家邮轮航区概况

环南海国家包括中国、越南、柬埔寨、泰国、马来西亚、新加坡、文莱、印度尼西亚、菲律宾9个国家。环南海国家邮轮航线目前主要以新加坡为母港，辐射环南海国家和地区，途经或经停：马来西亚兰卡威、槟城、巴生港、马六甲、刁曼岛、热浪岛；泰国普吉岛、苏梅岛、林查班；柬埔寨西哈努克；越南下龙湾、岘港、芽庄、胡志明市、顺化；文莱斯里巴加湾市；菲律宾马尼拉、长滩岛、巴拉望；印度尼西亚巴厘岛、科莫多岛、龙目岛、泗水、三宝垄、雅加达。除以新加坡为母港的航线外，也有以中国香港、三亚等为母港出发途经环南海各国，终点至新加坡的邮轮航线。

经典邮轮旅游航线

（1）新加坡+马来西亚+泰国（8天7晚）

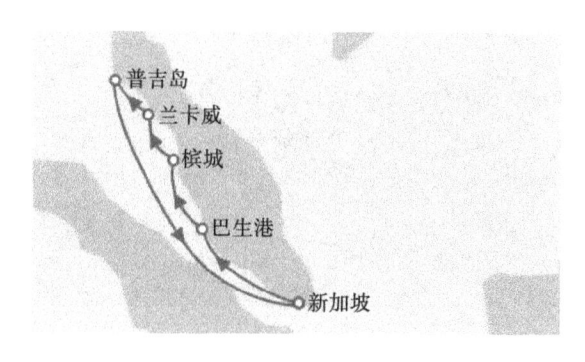

出发港：新加坡

途　经：巴生港

　　　　槟城

　　　　兰卡威

　　　　普吉岛

到达港：新加坡

（2）新加坡+泰国+越南（8天7晚）

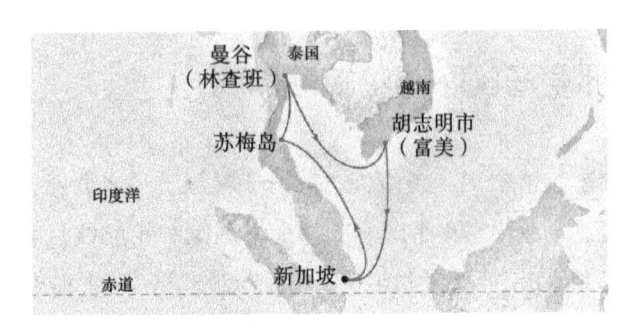

出发港：新加坡

途　经：苏梅岛

　　　　曼谷

　　　　胡志明市

到达港：新加坡

（3）新加坡+马来西亚之旅（6天5晚）

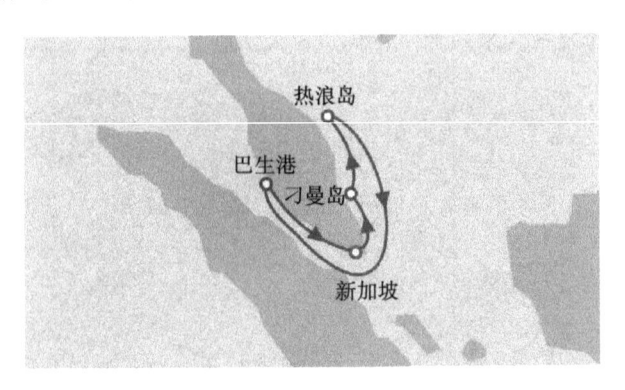

出发港：新加坡

途　经：刁曼岛

热浪岛

巴生港

到达港：新加坡

（4）香港+三亚+越南（5天4晚）

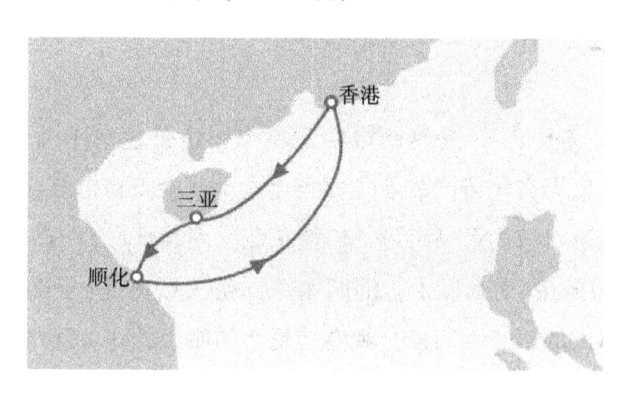

出发港：香港

途　经：三亚

顺化

到达港：香港

1.2　越南、柬埔寨、泰国邮轮产业发展概况

越南、柬埔寨、泰国拥有美丽的自然风光和众多的历史文明遗迹。丰富多彩的旅游资源使其成为环南海邮轮旅游的重要目的地。

1.2.1　越南邮轮旅游发展概况

（1）越南概况

越南，全称越南社会主义共和国，地处中南半岛东部，北部与中国的广西、云南交界，西部与老挝、柬埔寨接壤，越南国土面积约33万平方千米，陆路边界线长约3730千米，东部和南部临南海，海岸线长3260多千米。越南地处北回归线以南，属热带季风气候，高温多雨，年均气温24℃左右。越南旅游资源较为丰富，境内有5项世界遗产，其中下龙湾和丰芽

—格邦国家公园被列入《世界自然遗产名录》。广南省的会安古城、美山圣地，承天顺化省的顺化古城被列入《世界文化遗产名录》。越南较为著名的旅游城市和旅游景区有河内、胡志明市、海防、岘港、下龙湾、大勒、芽庄等。

（2）越南主要邮轮港口及旅游胜地

①岘港

岘港旧称"土伦"，是越南第四大城市，也是越南中部的中心城市，位于越南三个世界文化遗产目录（即顺化故都、会安古邑与美山圣地）的交会点，岘港港口海湾呈马蹄形，口朝东北，南北长近15千米，东西宽约11千米，水深多在10米以上，港阔水深，是天然良港；同时拥有国际机场，被誉为越南的第三大门户。岘港是越南的旅游胜地。其西南方69千米的美山有古代占婆塔群遗址，东南方35千米即为会安古城。

②胡志明市

胡志明市是越南第一大城市，原名"西贡"，位于湄公河三角洲东北地区、西贡河右岸。全市面积约2095平方千米，海岸线长约15千米，人口700多万，30%的居民为华人。胡志明市拥有浓郁的法国风情，被称为"东方小巴黎"，美丽的风景使这座城市充满魅力。胡志明市有越南最大的港口和国际机场，国际邮轮经常停靠胡志明市旁的富美港。

③下龙湾

下龙湾位于越南首都河内东部，是越南最著名的旅游胜地之一。由于喀斯特地貌的作用，其风光酷似中国广西的桂林山水，被世人称为"海上桂林"。下龙湾由东、西、南三个小湾构成，包括吉婆岛、巡洲岛、天宫洞、香炉石、斗鸡石、惊讶洞等景点。下龙湾的游船码头位于下龙市的拜斋坊，这里是餐饮和购物集散地，邮轮靠泊在下龙湾外海，游客一般乘坐接驳船到达码头登岸游览。

（3）邮轮产业发展概况

近年来越南通过优化入境政策、开展国际合作等方式促进邮轮产业的发展，政策方面包括允许外国邮轮进入越南富国岛及昆岛、降低频繁入境的邮轮港口费等；国际合作方面，越南与菲律宾合作签署的2014—2016年邮轮旅游产业开发合作计划，已在邮轮旅游产业开发、推介、引资等方面进行合作。越南和菲律宾共同为各海港潜在旅游投资项目和相关旅游服务创造条件，两国相互协助对方推广各自的邮轮旅游产品，以此促进两国双向邮轮旅游往来人数不断增长。

1.2.2　柬埔寨邮轮产业发展概况

（1）柬埔寨概况

柬埔寨旧称"高棉"，是一个君主立宪制国家。柬埔寨位于中南半岛南部，东部和东南部同越南接壤，北部与老挝交界，西部和西北部与泰国毗邻，西南濒临暹罗湾。柬埔寨位于北回归线以南，属典型的热带季风气候，国土面积约18.1万平方千米，海岸线长约460千米。柬埔寨地广人稀，人口约1440万，共有20多个民族，其中高棉族人口占80%，华人华侨约70万人，其中30万人生活在首都金边。

（2）柬埔寨邮轮港口及旅游胜地

柬埔寨各地有不同的旅游特色，如北部的暹粒市近郊有举世闻名的吴哥窟，中部的金边有大量的寺庙，南部的西哈努克市有充足的阳光与美丽的海滩。西哈努克市在金边西南约300千米处，面向泰国湾，海水湛蓝，拥有14千米长的细沙海岸，延续数千米的白色沙滩。西哈努克市是与金边、吴哥窟齐名的三大旅游胜地之一，也是柬埔寨唯一的港口城市，邮轮旅游常常停靠在此。西哈努克港是柬埔寨目前最大的国际海港和对外贸易枢纽。

1.2.3　泰国邮轮产业概况

（1）泰国概况

泰国旧称"暹罗"，为君主立宪制国家。泰国位于中南半岛中部，北部和东北部与老挝接壤，北部和西部与缅甸交界，西南临安达曼海，东部毗邻柬埔寨和暹罗湾，南部与马来西亚接壤。国土面积约51.3万平方千米。泰国人口约6240万。泰国南北距离约为1620千米，东西最宽处为775千米。海岸线长约2614.4千米，其中暹罗湾海岸线和太平洋海岸线长约 1874.8 千米。

（2）泰国邮轮港口及旅游胜地

①曼谷

曼谷位于湄南河畔，南临暹罗湾，泰国首都，也是东南亚第二大城市，总面积约 1568 平方千米，人口约 1100 万。金碧辉煌的寺庙，独特的民间风俗，优美的热带风光，东西文化的融合，古朴与现代的交错，因此曼谷被世人称为"天使之城"。曼谷港位于湄南河下游，是泰国最大的港口，大型邮轮通常停靠在曼谷港东南方向的林查班港（深水港），著名的芭堤雅海滩距离林查班 10 分钟车程，每年都有豪华国际邮轮停靠林查班港。

②苏梅岛

苏梅岛是东南亚著名的度假胜地，是泰国第三大岛屿，拥有椰林树影、水清沙白的自然环境，岛上大力建设与自然一体化的度假村。苏梅岛的查武恩海滩、拉迈海滩、大佛海滩、波菩海滩各具特色，其附近 80 多个小岛也是其旅游特色之一。苏梅岛目前有 5 个码头，分别是纳通码头、通阳码头、湄南码头、大佛码头和波菩码头，邮轮一般靠泊在纳通码头外海，游客通过接驳船抵达码头。

③普吉岛

普吉岛坐落在泰国南部马来半岛西海岸以外的安达曼海中，它是一座南北较长（最长处 48.7 千米）、东西稍窄（最宽处 21.3 千米）的狭长岛屿。它既是泰国最大的岛屿，也是泰国最小的府。普吉岛因迷人的风光和丰富的旅游资源，被称为"安达曼海上的一颗明珠"。普吉岛上分布着细腻的白沙滩，代表性海滩有芭东海滩、卡伦海滩、卡塔海滩，这些海滩非常适合人们进行各种水上运动，同时也是高级酒店及岛上时尚购物中心所在地。

（3）邮轮旅游产业发展概况

在邮轮产业发展方面，泰国通过建立新的邮轮旅游目的地，如阁昌岛、帕通岛、普吉岛、甲米和苏梅岛等知名景点增加旅游资源。进入泰国海域的游客主要是搭乘 Royal Caribbean 公司和 Princess Cruise 公司的邮轮，时间集中在每年3月至11月,每艘邮轮平均载客3000人,每人船上平均日消费约6000泰铢,邮轮旅游观光为泰国带来收益年均达22亿泰铢。泰国多家邮轮公司正在不断开发新的邮轮航线,同时在前往中国、东南亚、日本等国的已有航线上增加航班。目前,泰国湾5个港口中只有3个可供邮轮停靠,分别是曼谷、兰察邦和普吉,且这三个港口还不能为邮轮提供配套服务。2015年,泰国财政部与普吉港的管理公司共同规划发展计划,以促进兰察邦和曼谷港的开发,为邮轮提供服务。同年,泰国相关部门修订投资计划,允许私营领域参与开发邮轮港口及设施建设以增加资金投入。

1.3 马来西亚、新加坡、文莱邮轮产业概况

1.3.1 马来西亚邮轮产业发展概况

(1) 马来西亚概述

马来西亚,全称马来西亚联邦,简称大马。马来西亚地处太平洋与印度洋的交汇处,由马来半岛南部的西马来亚(简称西马)和婆罗洲北部的沙捞越与沙巴(简称东马)三部分组成,是一个由13个州和3个联邦直辖区组成的联邦体制国家。马来西亚是兼具半岛与岛屿特征于一体的海洋国家,具有绵长的海岸线,海岸线总长4192千米,其中西马2000千米,沙捞越地区740千米,沙巴地区1450千米,国土面积约33.04万平方千米。马来西亚有30多个民族,人口约2271万,其中马来人及其土著人约占60%,华人约占25%,印度人约占7%,85%的总人口分布在西马。

马来西亚属热带雨林气候,终年炎热多雨,拥有很多高质量的海滩、奇特的海岛、原始热带雨林、珍稀动植物、古老的民俗民风、悠久的历史文化遗迹。马来西亚享有"热带旅游乐园"的美称,马来西亚丰富的旅游资源吸引世界各地的游客慕名前来,马来西亚的邮轮港口、岛屿及停靠城市主要有吉隆坡(巴生港)、兰卡威、槟城、哥打基纳巴卢、马六甲、刁曼岛、热浪岛等。

（2）马来西亚邮轮旅游胜地

①吉隆坡

吉隆坡，马来语原意为"泥泞的河口"，位于马来半岛西岸，是马来西亚的首都，不仅是全国政治、经济、文化、工业、交通中心，也是著名的旅游城市。这里拥有多元民族文化特征，伊斯兰教的清真寺、印度佛教古庙、东西文化交融的国家纪念碑和东南亚最高建筑——双塔大楼。吉隆坡既有现代化大都会的豪华气派，也不乏古色古香的迷人风韵，风俗传统别具特色，多元文化魅力无穷。

途经马来西亚的邮轮航线一般会选择停靠吉隆坡的巴生港。邮轮靠港后，游客可以到吉隆坡游览。雀鸟公园、黑风洞、云顶高原等是吉隆坡的自然景观，马来西亚皇宫、吉隆坡塔、国家清真寺、独立广场、马来西亚国家博物馆等著名建筑则显现出其"世界建筑博物馆"的特点。

②兰卡威

兰卡威位于马六甲海峡和安达曼海之间，马来西亚和泰国边境交界处，距槟榔屿108千米，是马来西亚最大的一组岛屿，由104个小岛组成，涨潮时仅能看见99个岛屿。兰卡威岛是其中最大的海岛，也是群岛中唯一一个有定居者的岛。兰卡威岛因碧海蓝天、细软白沙和茂密的丛林而成为马来西亚著名的风景区，也是有名的购物天堂，游客在此停留超过72小时可以享受免税优惠。

③槟城

槟城亦称槟榔屿、槟州，是马来西亚13个联邦州之一，由槟榔屿和北海组成。槟城首府是位于槟榔屿东北端的乔治市，又称"乔治亚市"或"乔治城"，是马来西亚最大的国际自由港和全国第二大城市。槟城有"东方之珠"的美称，既是东方城市中最如诗如画及最浪漫之地，也是一个东西方文化融合之地。槟城港是一个深水港，也是马来西亚重要的邮轮港口。

④马六甲

马六甲是马来西亚马六甲州的首府，位于马来半岛南部，西马来西海岸，北部与森美兰州相接，东部则与柔佛州相连，形似三角，两边接陆,一边濒海。马六甲扼守太平洋与印度洋的咽喉要道,是亚、非、欧、大洋洲沿岸国家往来的重要海上交通要道。马六甲有多国风格的建筑,有中式厅堂,也有荷兰、葡萄牙风格建筑,著名景点有荷兰红屋、马六甲苏丹故宫、圣地亚哥城堡、圣保罗教堂、海峡清真寺、三宝山等。因独特的地理位置和丰富的旅游资源使其成为环南海邮轮旅游航线上重要的一环。

(3) 邮轮产业发展概况

马来西亚是东南亚邮轮产业发展最好的国家之一,其所获得的经济效益也远高于东南亚其他国家和地区。马来西亚丰富的旅游资源、先进的邮轮公司经营管理模式及现代化的邮轮港口促成了其邮轮产业的快速发展。马来西亚邮轮产业收益目前也只局限于产业链的下游,即邮轮港口及邮轮服务业所产生的价值增值。马来西亚境内的邮轮港口主要有巴生港、兰卡威港和奇佳港,它们形成了马来西亚邮轮产业发展的重要基础。巴生港位于马来西亚雪兰莪州的因达岛,于1995年开始启用,距离首都吉隆坡45分钟车程,是马来西亚最大及最繁忙的港口,也是马来西亚通往环南海各国旅游胜地的绝佳门户。巴生邮轮码头有3个邮轮泊位,总长660米,水深12米,能够停靠5万吨级以上的邮轮,该港曾是丽星邮轮公司的总部所在地,港口标志性建筑是丽星邮轮的登轮大厦。兰卡威位于槟榔屿北方,马来半岛西北岸外侧,是马来西亚北部的门户,也是通往安达曼群岛的必经之处。兰卡威的邮轮码头是丽星邮轮在马来群岛定点停泊的码头之一,拥有2个泊位,可以同时停靠2艘大型邮轮。奇佳港也是丽星邮轮在马来西亚的主要靠泊港口之一,码头附近有马来西亚东海岸最大的娱乐中心,奇佳港距离马来西亚东部最大城市关丹60分钟车程。

1.3.2 新加坡邮轮产业概况

(1) 新加坡概况

新加坡,全称为新加坡共和国,位于马来半岛南端,毗邻马六甲海峡南口,南与新加坡海峡与印度尼西亚相隔,北与柔佛海峡与马来西亚相隔,领土面积为714.3平方千米(2013年)。新加坡由新加坡岛及附近63个小岛组成,其中新加坡岛占全国面积的88.5%。新加坡平均海拔15米,最高海拔163米，海岸线长约193千米，人口约547万（2014年），其中华人占75%，其余为马来族、印度族等。新加坡享有"花园国家"的美誉，街道清新整洁，绿树成荫，繁花似锦，绿化面积占国土总面积的1/8以上。

（2）新加坡邮轮港口

新加坡港位于马来半岛南端，新加坡市东南方，新加坡海峡北侧，号称"东方十字路口"，地理位置十分重要。目前新加坡港已成为亚太地区最大的转口港，也是世界最大的集装箱港口之一。新加坡港港区宽敞，气候良好，设备完善，水深大多在10~20米，是少有的天然良港。新加坡是亚洲邮轮产业发展最快、邮轮市场发展最成熟的国家。新加坡港被誉为最有效率的国际邮轮母港，配套设施便利完善，亚太地区许多邮轮航线选择此港作为出发港或停靠港，每年有近千艘邮轮到访该港，邮轮产业为新加坡带来了可观的经济收益。

（3）邮轮产业发展概况

新加坡地域狭小，其扼马六甲海峡的交通要冲，船只往来十分便利。新加坡多年来大力发展服务业，其购物、餐饮、酒店业的服务水平均位居亚洲前列，旅游业俨然成为新加坡的支柱产业。作为东南亚地区邮轮产业发展最好的国家，邮轮及其相关产业为新加坡带来了可观的GDP增量。1989年新加坡成立了邮轮发展署，发展署将邮轮基础设施建设、邮轮业务发展和邮轮产业能力提升作为三大核心策略，进而大大推动了新加坡邮轮产业的快速发展。邮轮发展署采取与利益相关者合作的方式，确保新加坡未来的邮轮基础设施有能力靠泊最新的船舶，并能够提供最佳的乘客体验；发展署与邮轮公司合作，向消费者推销邮轮服务产品，扩大邮轮旅游的公众认知度和影响力；发展署还与旅行社合作，通过培育邮轮地面服务商和旅游经营者等辅助业务，力求提高旅行社销售邮轮旅游产品的能力，获得更大的收益。通过这些举措，新加坡目前已形成了以邮轮母港运营为核心的邮轮母港产业集群。

世界一流的港口基础设施及便捷的空中连接使新加坡成为该地区理想的邮轮旅游中心。新加坡政府于1991年投资5000万新加坡元兴建了邮轮码头，1998 年重修，扩建成了可以同时停靠 8 艘邮轮的深水码头，现已建成新加坡邮轮中心和新加坡滨海湾邮轮中心两个邮轮码头。为方便乘坐邮轮的民众和外国游客往返邮轮中心，2014 年新加坡建立了滨海南码头站，该站邻近滨海南码头和滨海湾邮轮中心。新加坡于 2012 年 5 月启用的滨海湾邮轮中心对邮轮高度不设限，成为许多大型邮轮选择停泊的港口。新加坡邮轮中心位于圣淘沙岛对岸，中心共有两座主要搭客站——国际搭客站和区域搭客站。国际搭客站为国际长途邮轮而建，共有两个 300 米长、250 米宽的超大型邮轮泊位。区域搭客站为航行于新加坡、印度尼西亚和马来西亚之间的邮轮而建，共有四个邮轮泊位。20 世纪末新加坡港就成为拥有 6 艘国际邮轮的母港，2001 年有 1200 艘邮轮抵达新加坡港。2008 年新加坡共接待邮轮游客 51.41 万人次，到 2010 年接待量攀升至 100 万人次，并一直保持在 100 万人次以上的水平，2011 年接待 100 万人次，直接消费额度 5.2 亿美元，2015 年，新加坡邮轮的接待人数达到 160 万人次。邮轮旅游产业的快速发展离不开配套产业的跟进，如邮轮维修、燃油补给、食品供应、邮轮管理和服务等。

邮轮投融资方面，2012 年新加坡国家旅游局斥资 1200 万新加坡元设立邮轮发展基金，同年新加坡樟宜机场集团、新加坡旅游局和公主邮轮公司通过投融资合作获取更多的邮轮资源。国际合作方面，新加坡邮轮中心与中国上海、天津等港口签署谅解备忘录，在邮轮港口管理技术、技术与营运、物资补给、市场开发和投资等方面进行合作，并与越南的岘港港口控股公司在岘港港口方面进行合作。

1.3.3 文莱邮轮产业发展概况

（1）文莱概况

文莱全称文莱达鲁萨兰国，又称文莱伊斯兰教君主国，是一个君主专制国家。文莱位于东南亚马来群岛中的加里曼丹岛西北部，离赤道 440 千米，其东南西三面与马来西亚的沙捞越州接壤，并被沙捞越州的林梦分割为不相连的两个部分，北濒浩瀚的南中国海，临近中国的南沙群岛。海岸线约长 162 千米，国土面积 5765 平方千米，人口约 41 万。

(2) 文莱邮轮港口及旅游胜地

文莱首都斯里巴加湾市是环南海邮轮航线重要的目的地。文莱港口有斯里巴加湾市港和麻拉深水港，主要旅游景点有王室陈列馆、赛福鼎清真寺、杰鲁东公园和水上村落等，以及造价13亿文元的水晶公园、黄金堆砌的努洛伊曼皇宫等。

(3) 邮轮产业发展概况

2010年，文莱的摩拉港被正式列入东盟邮轮作业网络，该港现已具备停靠大型邮轮的条件，因此到访的外国邮轮大幅度增加。文莱旅游局为加快邮轮旅游发展，计划进一步加强港口基础设施建设，吸引更多邮轮到访，以增加外汇收入。

1.4 菲律宾、印度尼西亚邮轮产业概况

1.4.1 菲律宾

(1) 菲律宾概况

菲律宾共和国（简称菲律宾）位于亚洲东南部，东临太平洋，西濒南中国海，北隔巴士海峡与中国台湾遥相对望；南面和西南面隔苏拉威西海、苏禄海、巴拉巴克海峡和印度尼西亚与马来西亚相望；西临南海。菲律宾地处东亚与南亚、亚洲与大洋洲及太平洋之间的交通要道。

(2) 菲律宾邮轮港口及旅游胜地

菲律宾是一个旅游资源丰富的热带岛国，由镶嵌在西太平洋上的7000多个岛屿组成，因此被称为"千岛之国"，其岛屿港口众多，邮轮主要停靠的岛屿有马尼拉、长滩岛、巴拉望岛等。

①马尼拉

马尼拉又称"小吕宋"，菲律宾首都，濒临天然良湾马尼拉湾，是一座历史悠久、东西文化交融的城市，被称为"亚洲的纽约"，市区面积约39平方千米，人口约199万。马尼拉市中心有黎刹公园、海滨大道等景点，郊区有百胜滩等景点。马尼拉港是菲律宾最大的港口，也是一个天然

良港。

②长滩岛

长滩岛位于菲律宾中部班乃岛西北 2000 米处，拥有世界上最长的白沙滩。碧蓝的海水、雪白的沙滩、和煦的阳光令长滩岛成为菲律宾最著名的度假胜地。长滩岛没有深水港口，邮轮一般停靠在长滩岛外海，然后用小艇将游客送到码头。

③巴拉望

巴拉望是位于菲律宾最西边的岛屿，地处南海和苏禄海之间。这里有广阔的热带雨林和多样的海洋生物，是 1700 多个大小岛屿组成的生态疆界。巴拉望以其自然原始风貌吸引了众多游客，著名景点有地下河溶洞、卡拉依特岛、巴尔萨汉和埃尔尼多等。

(3) 邮轮产业概况

菲律宾邮轮产业主要集中在下游基础设施建设及旅游景点开发方面，菲律宾旅游局已将邮轮旅游作为发展本国旅游的重要战略产品。2015 年，菲律宾旅游局和港务局合作升级港口基础设施以便邮轮靠泊，重点改造的港口有马尼拉港、公主港、苏比克港和长滩港，菲律宾计划将西可根岛开发成现代化的邮轮旅游目的地。

1.4.2 印度尼西亚

(1) 印度尼西亚概况

印度尼西亚共和国，简称印度尼西亚或印尼，为东南亚国家之一，由 17508 个岛屿组成，是全世界最大的群岛国家，疆域横跨亚洲及大洋洲，地跨赤道南北，被誉为"赤道上的翡翠"。海洋面积约 316 万平方千米，陆地面积约 190 万平方千米，人口 2.5 亿，民族语言 200 多种，官方语言为印度尼西亚语。

(2) 印度尼西亚邮轮港口及旅游胜地

①巴厘岛

巴厘岛位于印度洋赤道附近，是印度尼西亚小巽他群岛西部中的一座菱形小岛，距首都雅加达约 1000 千米。总面积约为 5632 平方千米，地势呈东高西低，大部分为山地地形，岛上有多座火山。巴厘岛风景如画、民风淳朴，以庙宇建筑、雕刻、绘画、音乐、歌舞、纺织和风景等闻名于世，是世界著名旅游胜地。巴厘岛的港口有伯诺阿港、八丹拜，邮轮抵达巴厘岛一般停靠伯诺阿港。

②雅加达

雅加达是印度尼西亚的首都，东南亚第一大城市，世界著名的海港。主要景点有东南亚最大的清真寺——伊斯蒂赫拉尔清真寺，雅加达独立广场，印度尼西亚缩影公园等。

（3）邮轮产业概况

印尼拥有旖旎的自然风光、多样的文化和由1万多个小岛组成的位于热带海洋的群岛，是邮轮旅游的天堂。作为东南亚主要的邮轮停靠点，2008—2012年印尼靠岸邮轮与乘客流量年均增长超过30%，但由于现有港口设施落后，无法接待载客量超过3000人的大型邮轮靠岸，因此邮轮产业增长放缓甚至出现萎缩。印尼为促进邮轮产业发展积极采取措施：组织邮轮运营商考察印尼主要旅游目的地，制定可行的路线；在全球邮轮市场交易会中推广印尼；加强邮轮港口基础设施建设，如重点建设巴厘岛的Benoa港，以接待更多的邮轮及提供更全面的配套服务。

1.5 南中国海邮轮航区及邮轮产业概况

南海（South China Sea），也称南中国海，是亚洲三大边缘海之一，南海位于中国大陆南边，北边是中国广东、广西、福建及台湾，南海东南边至菲律宾群岛，西南边至越南和马来半岛，最南边的曾母暗沙临近加里曼丹岛。浩瀚的南海通过巴士海峡、苏禄海和马六甲海峡等，与太平洋和印度洋相连，总面积约356万平方千米，南北长约2970千米，东西宽约1670千米，平均水深1212米，是中国最大的海。南海有4个群岛，根据位置不同分为东沙群岛、西沙群岛、中沙群岛和南沙群岛，统称南海诸岛。

南海主要沿海城市包括中国的广州、深圳、香港、澳门、海口、三亚，越南的下龙湾、顺化、岘港、芽庄、胡志明市，菲律宾的马尼拉、巴拉望，马来西亚的哥打基纳巴卢等。南中国海邮轮航区主要停靠港口包括香港、深圳、三亚等港口。香港是一个天然良港，在珠江口外东侧，介于香港岛和九龙半岛之间，地理位置非常优越。香港是全球最繁忙和效率最高的国际集装箱港口之一，也是全球供应链上的主要枢纽港，更是亚洲邮轮航线上的重要邮轮母港，香港可供邮轮停靠的码头有启德邮轮码头和海运码头。

三亚凤凰岛国际邮轮母港于2006年建成，该港处于国内邮轮港口链的最南端，是目前中国设施最齐全的专用邮轮港口之一，也是国内首个休闲度假功能配套完整的综合型港区。目前中国的邮轮产业处于起步阶段，主要仍局限于邮轮产业链的下游建设，如邮轮港口及服务区建设，产业链中游的邮轮制造和维修业刚刚起步。

第 2 章　环南海国家邮轮产业合作

2.1　环南海国家邮轮产业合作的基础

2.1.1　政治基础

中国、越南、柬埔寨、泰国、马来西亚、新加坡、文莱、印度尼西亚、菲律宾 9 个环南海国家，均为中国—东盟自贸区的成员国。较长时间以来，东盟国家总体上保持了政治基本稳定、经济较快增长的态势。在外交领域，东盟颇富个性及特色，成果丰硕，为了应对国际局势的风云变幻，东盟以亚太地区为中心，开展多元化外交，对外关系实现实质性突破和提升。中国秉承"睦邻、安邻、富邻"的外交政策，积极加强与东盟的合作，东盟与中国形成竞合关系，双方高层互访频繁，在多个国家及地区问题上达成共识，这些都为双方邮轮产业合作提供了稳定的政治基础。

20 世纪 70 年代以来，随着地区国际格局的变化，中国与环南海各国的关系开始改善。1974 年，马来西亚率先与中国建交；1975 年，菲律宾、泰国也与中国建立了外交关系，同年中国首次承认东盟的存在。20 世纪 90 年代初，中国与印度尼西亚的外交关系得到恢复，并分别与新加坡、文莱建立了外交关系，中国与越南在经历了 10 多年的相互对抗后也实现了关系的正常化。1991 年中国与东盟正式接触，1997 年中国与东盟宣布建立面向 21 世纪的睦邻互信伙伴关系。中国与东盟合作关系的发展，体现出"冷战"后东亚地区政治和安全格局的变化，体现出双方相互依赖不断加强，是一种战略性合作。中国—东盟自贸区的建立经历了一系列的对话磋商机制，从 1997 年中国与东盟正式建立对话关系，到 2002 年《中国与东盟全面经济合作框架协议》的签署,再到2010年中国—东盟自由贸易区的建立,中国与东盟之间的合作不断深化。在中国—东盟自由贸易区的建设中,邮轮旅游业是自由贸易区旅游服务贸易的重要组成部分,也是串联9个环南海国家的旅游服务贸易项目之一。

中国与东盟合作的政治影响力巨大,中国不仅通过东盟地区论坛、"10+1""10+3"等机制与东盟有效地进行安全协调与合作,还与东盟签署了《非传统安全领域合作联合宣言》,签订了"南海宣言"和"友好合作条约",承诺用和平手段解决争端,在任何情况下不诉诸武力或武力威胁,旨在保障双方的安全和地区的长治久安。暨中国与东盟签署《东南亚友好合作条约》之后,印度、日本、韩国等也先后加入《东南亚友好合作条约》,并与东盟发表了合作打击国际恐怖主义的《联合宣言》或《反恐合作条约》。因此,中国与东盟建立的合作伙伴关系,对于东亚及东南亚地区的和平与安全具有积极的意义。

2.1.2 经济基础

中国和东盟开展产业合作具有良好的经济基础和独特的优势。中国和东盟国家在资源构成、产业结构、工农业产品等方面各具特色,互补性强,为经贸合作奠定了坚实的基础。多国经济合作能够实现可持续的关键在于,合作的利益大于因矛盾引发的利益冲突造成的成本。随着中国—东盟合作的深入,特别是中国—东盟自由贸易区的建立,大大便利了双方经贸的发展,双方的合作实现了双赢,各自的收益包括两个层面:一个是当期的直接收益,另一个是长远的战略性收益。从中国与东盟目前合作的现状来看,这两个层面都显现出了双赢的特征。新海上丝绸之路倡议的提出进一步加强了经济纽带,同时也方便中国产品进入其他国家和地区市场。中国与东盟合作领域广泛,包括货物贸易、劳务、金融、旅游、人力资源、中小企业、产业合作、知识产权、环境保护、林业及其产品、相互投资、能源及次区域开发等领域,并确定了重点合作领域,签署了农业、信息通信、非传统安全领域、大湄公河次区域信息高速公路、交通、文化6个领域的合作谅解备忘录。中国—东盟邮轮旅游产业的合作相对容易,带动的相关产业众多，受益面广。东盟10国均为中国公民出国旅游目的地，双方互为主要旅游客源对象。在中国—东盟推进服务贸易自由化的背景下，加强服务业的合作，减少服务贸易限制，可以加快邮轮产业相关的旅游服务贸易的发展。

以东盟为重点的南海—太平洋海上通道是我国对外贸易的重要海运通道之一，主要立足东南亚、面向东南方的战略合作带，区位优势非常明显。中国和东盟在资源、技术和经济规模等方面的差距使双方在对外贸易往来中发挥了各自的比较优势，双边贸易结构具有互补性，双方互为对方的重要贸易伙伴。中国和东盟之间的外贸依存度较高，东盟目前是中国第二大进口来源地和第三大出口目的地市场；中国是东盟的第一大贸易伙伴，第一大进口来源地和出口目的地市场。中国大陆占据东盟进出口市场份额的10%以上，比其第二大贸易伙伴欧盟所占份额高出几个百分点。可见，中国在与东盟对外贸易关系中比欧美发达国家体现出更多的地缘优势。自1992年中国与东盟建立"磋商伙伴"关系以来，双边贸易发展迅速。中国和东盟双边贸易额在1991年仅为79.6亿美元，到2016年双边贸易额高达4518亿美元，双边贸易额占中国对外贸易额的比重由1991年的5.9%上升至2016年的12.7%。中国与东盟各国之间都有经贸往来，其中与中国经贸关系更为密切的是东盟老六国（马来西亚、文莱、印尼、菲律宾、新加坡和泰国），其对中国的双边贸易额影响较大，而柬埔寨、老挝、缅甸等新成员所占比重较小，对中国双边贸易额影响较小。

随着中国—东盟自由贸易区的全面建成，双方的相互投资额不断增加。东盟已成为中国第三大外资来源地，东盟对中国的直接投资额超过了美国、俄罗斯、澳大利亚等国。相应地，越来越多的中国企业到东盟投资，东盟已成为中国企业的主要投资市场，中国对东盟的投资主要集中在电子商务、金融服务和文化产业等领域，投资目的地主要集中在新加坡、印度尼西亚、老挝、柬埔寨、越南等国家。东盟对中国的投资主要集中在酒店、制造业和房地产业等领域，双方的投资形式多样化，已从直接投资发展到技术投资、BOT等多种形式。中国—东盟自贸区的建立为双方的产业合作奠定了良好的经济基础。中国—东盟自由贸易区的建立促进了中国和东盟国家经济发展及福利水平的提高。有研究表明，当人均GDP为6000~8000美元时，邮轮经济将进入高速增长期。中国目前已成为世界第二大经济体，截至2016年，人均GDP超过8000美元，拥有庞大的潜在消费群体，客观上具备了合作发展邮轮旅游产业的经济基础。

2.1.3 文化基础

文化是人类所创造的一切文明成果的综合反映，包括精神文化、生活文化、制度文化和物质文化等几大方面。狭义上的文化指人类认识和改造世界的精神活动和精神成就，如特定群体共有的价值观念、情感态度、理想信念、社会心理、意识形态以及体现在政治、法律、道德、宗教、科学、艺术等方面的行为规范、规章制度等。每个国家和民族都有自己特定的文化，因此不同的国家、地区和民族的文化存在巨大差异。中国与东盟一衣带水，二者的文化血脉相通，有着深厚的历史渊源。双方逐步吸收、借鉴或同化了彼此的文化，构筑了共同的文化根基。共同的文化根基逐步产生了文化认同，其中包括对本族文化与异质文化的认同，社会群体通过文化认同来界定自我、区别他者，进而形成利益共同体。在国际交往与互动中，文化认同经由社会化过程自然形成。不同的国家和民族在历史发展过程中所形成的某种文化共性与关联成为助推国际合作的媒介，共同的文化根基及文化认同感成为不同国家区域合作的重要推动力量。同源文化具有强大的身份认同功能与亲和力量，在不同国家与民族之间起到了国际合作的纽带作用。

中国与东盟的文化交流可以追溯到两千年以前。双方在长期的交往和融合中形成了许多相似、共通之处。中国与东盟各国共同拥有三大文化，分别是"那"文化、儒佛文化与华人文化。"那"是壮族、傣族、布依族等民族语言中"水田"的意思，"那"文化作为壮族乃至东南亚各民族共有的文化资本，它在人地交往基础上形成稻作经济方式与相关的文化范式。"那"文化体现在跨国多民族长期形成的生产制度、生活习俗、语言和信仰等方面，形成了具有丰富内涵的文化生态圈。儒家文化作为中华文化的精髓，不但在中华民族发展史上发挥了巨大作用，同时也对东南亚各国产生了深远影响。时至今日，东盟各国的历史、经济、教育、生活方式、价值观念、建筑、服饰等，都或多或少地体现出儒家文化的印记。佛教兴起于公元前500年前后，后因释迦牟尼的弟子们对原始佛教教义和戒律产生分歧，佛教分为两大派别，并向中国和东南亚地区迅速传播。今天，大乘佛教主要分布于中国、朝鲜、日本、越南等地；小乘佛教主要分布于泰国、缅甸、老挝、柬埔寨等南亚、东南亚地区。佛教文化经由中国传入东南亚更增添了中国文化符号，泰国、柬埔寨和缅甸等国所信奉的佛教在一定程度上与中国佛教文化有共通之处。华人主要在19—20世纪离开中国大陆逐步迁徙至东南亚各国，华人移民在传承中华传统文化的同时，也逐渐接受所在地的文化，并在东南亚及世界各地形成了独特的华人文化。南洋华人所保持的中华文化渐渐本土化，形成的华人文化以汉语言文字、饮食习惯、节庆民俗和宗亲乡谊为主要内容和特征。"那"文化、儒佛文化、华人文化是中国与东盟多国共有的文化认同理念，中国和东盟各国间的这些同源文化对多国产业合作形成了内聚力和向心力，共同的文化历史认同和文化亲和功能形成构筑国际联盟和加强国际合作的纽带。

2.1.4 交通基础

交通是发展邮轮产业的前提和基础，旅游者行为决策考量的重要因素之一就是具有便捷、安全的交通基础设施。

环南海国家共有各类港口200多个，包括越南114个，泰国47个，马来西亚33个，新加坡1个。主要港口有越南的岘港、胡志明港、锦普港、盖麟港、海防港；泰国的曼谷港、林查班港、拉格拉邦港、宋卡港；马来西亚的巴生港、古晋港、丹戎帕拉帕斯港、马六甲港、泗务港；新加坡的新加坡港；柬埔寨的金边港、西哈努克港、磅逊港；缅甸的勃生港、毛淡棉港等。其中较为重要的港口包括新加坡港、曼谷港、巴生港和胡志明港等。因地处马六甲海峡，新加坡港成为亚洲主要的转口枢纽和世界最大燃油供应港口之一。马来西亚内河运输不发达，主要依赖海运，其80%的运力是由外国航运公司提供的。泰国的水上运输和港口设施对其对外贸易起到了重要作用，目前泰国共有47个港口，其中海湾有26个，国际港口21

个，包括 8 个国际标准深水港，分别是曼谷港、林查班港、玛达普港、宋卡深水港、沙敦港、陶公港、普吉和拉廊（仁廊）港。柬埔寨海运主要依赖西哈努克港，该港现为柬埔寨的国际港口，有 2 个泊位，水深分别为 8.5 米和 6 米，最多靠泊 1 万吨级的船舶，现主要停靠从泰国、新加坡和香港转口的支线船。越南目前有 60 个海洋港口、11 个国际港口、164 个码头，266 个泊位。其中胡志明港是越南最大的港口，海防港是北部第一大港，岘港为中部最大港口，头顿港为胡志明市的外港。由于陆路交通难以发挥作用，海岛国家如印尼、菲律宾和文莱的海洋运输比较发达，海港众多，如印尼的马辰、雅加达港、乌拉湾、井里文等港口。菲律宾是一个港口资源丰富的国家，号称"千岛之国"，主要港口包括马尼拉、宿务、怡朗、三宝颜等，其中马尼拉港是菲律宾第一大商港。印度尼西亚位于世界主要航运通道上，通过水路与其他亚洲国家相连。文莱主要的交通运输渠道也是水运。

在陆路交通方面，中国与东盟国家主要在铁路和公路方面进行合作，中南半岛区域的铁路由 3 个独立的铁路系统组成，一个是越南铁路系统，一个是缅甸铁路系统，一个是由新加坡、马来西亚、泰国、老挝和柬埔寨组成的铁路系统。中国与东盟铁路的互联互通是通过把中国与东盟待建与已有的铁路对接起来形成跨境的铁路网络实现的，跨境铁路网被称为泛亚铁路。泛亚铁路包括东线、中线、西线及东中线：东线，昆明—河内—胡志明市—金边—曼谷；中线，昆明—磨憨—万象—曼谷；西线，昆明—瑞丽—仰光—曼谷。3 条铁路线于曼谷汇合后穿过克拉地峡，经吉隆坡最后抵达新加坡。越南铁路通过滇越铁路、桂越套轨铁路实现与中国铁路系统对接，但越南铁路与新加坡、马来西亚、泰国、老挝、柬埔寨的铁路系统均未实现对接。缅甸目前与中国铁路系统及新加坡、马来西亚、泰国、老挝、柬埔寨的铁路系统都不对接。马来西亚铁路主干线包括东海岸线和西海岸线，西海岸线纵贯南北，是连接曼谷与新加坡的国际线路。新加坡的铁路系统主要是地铁和轻轨，轻轨与地铁相连，总长 109.4 千米。泰国有 4 条国内线及 1 条国际线，其铁路运输系统以曼谷为中心向国内各府辐散。菲律宾铁路主要集中在吕宋岛，其国营铁路分南北两条线路，总长 1200 千米。印尼铁路设施比较落后，铁路均为窄轨且仅有爪哇和苏门答腊两岛建有铁路。

公路方面，新加坡地域狭小却也建立起了四通八达的公路网络，通过新柔长堤向北连接马来西亚的东海岸高速公路。马来西亚的公路网分为东马和西马两个区域。在西马西海岸地区，主要高速公路分布在巴生河流域、新山和槟城。西海岸高速公路与东海岸高速公路贯穿马来半岛，西马通过这两条高速公路干线大动脉将北边的泰国和南边的新加坡连接起来。东马只有一条公路交通干线，经过东马几大城市并经过文莱的斯里巴加湾。泰国是东盟公路运输系统最好的国家之一，其公路系统是以曼谷为中心向四面发散，公路总长度达167450千米，其中46550千米为国家级公路，107550千米为省级公路，13600千米为市区公路。越南公路干线贯穿南北，形成了以河内和胡志明市为中心的遍布全国的公路网。柬埔寨公路里程只有1.5万千米，多数公路因年久失修导致路况很差。菲律宾的公路主要建在如吕宋岛、棉兰老岛等海岛上，其公路主要是环岛建设。印尼比较发达的公路主要建在一些大岛上，如苏门答腊岛、爪哇岛、苏拉威岛上。印尼的公路与西马的公路在西加里曼丹岛的古晋对接，印尼的公路与东帝汶的公路在帝汶岛上对接。文莱公路四通八达，路况良好，有一条主要的高速公路贯穿东西全境。

航空方面，东南亚主要的机场包括新加坡樟宜机场、越南胡志明市的新山机场和河内机场、马来西亚吉隆坡机场和泰国曼谷的素万那普国际机场。其中，新加坡航空公司是公认的亚洲客户满意度最高的公司，樟宜机场连续多年被评为世界最佳机场。泰国曼谷的廊曼国际机场是东南亚地区重要的空中交通枢纽，曼谷素万那普机场是世界级的机场、亚洲航空运输中心，它的建成使泰国得以保持东南亚地区航空运输中心的地位。柬埔寨的航空业比较落后，主要机场有金边国际机场和吴哥国际机场。文莱的国际机场在首都斯里巴加湾市，文莱航空公司多次被国际航空杂志及航空协会评定为最佳航空公司。印尼因为国土辽阔且岛屿众多，所以航空业比较发达，首都雅加达附近的苏加诺—哈达机场是印尼最大机场。菲律宾有163个机场，较大的机场有马尼拉的尼诺·阿基诺国际机场、宿务市的马克丹国际机场和达沃机场等。菲律宾已经与30多个国家签订了国际航运协定。

2.2 合作现状

环南海国家一直在积极推动邮轮旅游合作，它们互为域内主要邮轮旅游目的地和客源国。海上丝绸之路倡议构想符合环南海国家和地区的共同需求，为各地区优势互补、协同发展创造了合作基础。

在邮轮运营方面，南海区域主要开通以香港、新加坡和三亚为邮轮母港的到达环南海各国及地区的中短途航线。2013年后，三亚首次开辟中国三亚—中国雷州半岛—越南岘港—马来西亚马六甲—斯里兰卡—印度孟买—阿曼马斯喀特—阿拉伯亚丁—埃及陶菲克港—新加坡—中国三亚的海上跨国旅游线路。2014年11月，中国香港、中国台湾、中国海南及菲律宾在香港签署协议，海南省正式加盟"亚洲邮轮专案"合作项目，协议计划增加南海邮轮航次及航线。新马泰地区邮轮旅游运营多年，合作较为成熟。其中尤以泰国湾的邮轮旅游最为发达，这主要得益于新加坡邮轮业的带动。目前进入泰国湾区域的游客多采用飞机+邮轮+飞机的旅行方式前往新加坡旅游。泰国湾邮轮旅游多以新加坡为起点，多数航线为3~7天的短期行程，如"新加坡—曼谷—苏梅岛—新加坡"6天海上假期，"新加坡—关丹—热浪岛—新加坡"4天海上假期，"香港—曼谷—新加坡—香港"9天海上假期等。海南在正式加盟"亚洲邮轮专案"合作项目后与中国香港、新加坡邮轮母港积极开展合作，开辟了数条赴泰国湾旅游的国际挂靠航线，同时还开辟了"三亚—岘港—胡志明市—曼谷—苏梅岛—新加坡—普吉岛—三亚"的母港航线。目前已形成了新加坡港、中国香港、中国三亚和马来西亚巴生港等国际专用邮轮港口。

第3章 环南海航区邮轮产业合作模式

3.1 邮轮产业合作的必要性

3.1.1 区域经济一体化的经济效应要求

首先,"一带一路"倡议的提出,为我国和东南亚邮轮旅游的发展带来了前所未有的机遇,区域经济一体化促使中国加快了融入区域经济体的进程,中国与区域国家经济交流与合作不断加强。为加快环南海诸国旅游经济的发展,中国与区域经济体实现邮轮产业合作是提高区域旅游竞争力的必然要求。随着环南海地区经济和邮轮旅游业的快速发展,旅游竞争日趋激烈,市场的国际化不断深入。加强环南海国家邮轮产业合作,建设国际化邮轮旅游区是必然选择。

3.1.2 环南海地区邮轮旅游资源开发的客观要求

环南海地区自然风光秀丽,拥有丰富的热带旅游观光资源,如茂密的原始热带雨林、美丽的热带海滨、名胜古迹和独特的海洋民俗文化,这些都是发展邮轮旅游业的地域及资源优势。目前环南海各国邮轮旅游资源开发程度存在较大差距,一些国家邮轮产业起步较早,邮轮旅游资源开发程度较高;一些国家邮轮产业起步较晚,发展邮轮旅游业的基础设施尚未完善,对旅游资源的开发程度较低。环南海国家邮轮旅游的发展还存在资源共享程度低、产品同质化等诸多不足,如果环南海相邻国家和地区间的旅游要素能够实现跨区域配置,邮轮旅游资源能够合作开发,进而深入发掘旅游线路、旅游景点,就可以优化整合环南海地区邮轮旅游资源,提升邮轮旅游景区的知名度和影响力，对进一步提升环南海地区邮轮旅游业整体竞争力具有重要意义。

3.1.3 合作能够促进环南海邮轮旅游企业的快速发展

环南海区域合作形成的邮轮旅游圈扩展了域内旅游市场的发展空间，提升了域内旅游企业的发展活力。邮轮旅游企业在区域合作中不仅能巩固和加强原有旅游市场，而且能找到新的投资方向、新的利润增长点，激发自身的发展潜能。

3.2 邮轮产业区域合作的可行性

环南海国家邮轮产业区域合作是由不同区域的利益相关主体形成的合作体系。区域内的产业合作条件如下：

首先，环南海邮轮旅游圈旅游资源丰富、特色互补。环南海国家热带风光旖旎、民族众多、风情各异，有独具特色的自然景观和人文景观。在邮轮产业合作中，在国际邮轮旅游市场上，环南海各国旅游资源的互补性、知名度和无可替代的特色逐步实现融合。中国西南部的北部湾、海南沿海可以辐射到整个东南亚地区，北部湾地区有距离东南亚最近的海运港，双方资源存在互补性使合作成为必然。环南海国家间方便的交通联系及各方与国际旅游客源地的广泛联系使合作能够实现"双赢"。其次，目标市场的趋同性。在相似的自然条件和相近的文化背景下发展起来的环南海区域各国存在相似的空间认知性和趋同的目标市场，这为区域旅游合作提供了契机。环南海国家邮轮旅游区域市场可以分为核心区域与边缘区域，根据弗里德曼的核心—边缘理论，核心区域通过主导效应、信息效应、心理效应、连接效应和生产效应影响边缘区域旅游经济的发展。核心区与边缘区之间可以通过扩散效应实现转化，即边缘区域逐步转变为核心区域来消除两者的界限。其中，新加坡、中国香港、吉隆坡这些热门邮轮港口周边的旅游区域可以视为核心景区，其他可以视为边缘景区。通过邮轮旅游合作，可以使本来互不关联、孤立发展的各大景区彼此联系、协调发展。

3.3 区域旅游合作空间发展模式

3.3.1 点轴开发模式

点轴开发模式是以增长极理论为基础，在重视增长"点"（邮轮旅游热点地区）的作用的同时，强调"点"与"点"连接的"轴"（交通干线）的作用，随着环南海国家邮轮航线、航空航线、铁路及公路干线的建立，连接国家和地区的客源互流增加，旅游产品生产和传递成本降低，产业和人口向交通干线聚集，使交通干线连接地区成为旅游经济增长点，旅游热点地区依托交通干线集聚人口和资本等要素，从而形成具有比较优势的区位。在邮轮旅游产业发展过程中，大部分生产要素在"点"上集聚，并由线状邮轮基础设施连接在一起而形成"轴"。邮轮旅游发展所依托的邮轮航线、航空航线、公路和铁路沿线等构成旅游经济增长轴。按照点轴开发模式组织环南海区域邮轮产业发展，可以较好地协调公平与效益、集中与分散、不平衡到较平衡发展之间的关系。如东南亚航线多以新加坡邮轮港口为始发港，可以将新加坡港作为"点"，新加坡始发航线经停港口作为"轴"，如"新加坡—马来西亚—泰国"航线，"新加坡—马来西亚—越南"航线等，以点轴模式带动环南海区域邮轮经济的发展。

3.3.2 单核辐射模式

单核辐射模式是以区域内旅游市场发育较为成熟，出游人数多，旅游发展优势比较突出，旅游资源较为丰富的核心地区为发展极，以核心地区的辐射效应带动各地区旅游经济发展的模式。该模式一般出现在区域旅游合作的初级阶段，在环南海国家邮轮产业区域合作的初期，因各国邮轮产业发展水平参差不齐，发展模式存在较大差异。一些邮轮产业发展较早、市场较为成熟的国家较易形成增长极，进而形成向外输送客流、向内吸引旅游者的单一极核。利用单一极核的区位及产业发展优势可以建立辐射广泛的环南海邮轮产业合作区域。

3.3.3 双核联动模式

该模式是在某一区域内拥有两个增长极核,即以两个旅游中心城市或两个优质旅游资源空间关系为特征,两个增长极核拥有基本相同的发展水平、市场规模,且在旅游资源、客源规模、邮轮产业发展程度等方面处于同一层次,双方形成市场共轭或资源互补或者两者兼备的合作关系,合作表现为双核联动。这类模式的特点是具有两个城市、两类资源、两个市场的相关互补关系。两个核心城市之间通过产业方面的合作形成紧密的经济联系,并带动周边区域的发展;两个核心资源之间通过旅游资源整合形成互补效应;两个核心市场之间通过客源互通,互为客源地和目的地,形成市场共轭关系。这三种形式可以存在一种,也可以兼而有之。这种模式的合作方式将促使两核之间产生高度的关联性和互补性,进而推动区域旅游合作的纵深发展。

3.3.4 多级圈层结构模式

该模式形成于邮轮产业合作水平较高的时期,是单核辐射模式和双核联动模式发展的后续阶段,呈现为多层级圈层结构。邮轮产业发展要素在极化和扩散的双重效应作用下,不断集中和扩散,在多个层级上形成多个增长极核,各个极核之间通过便利的交通网络相互联合、合作,形成了核心区、辐射区多层次多极核的圈层组织结构。区域内不同圈层的产业布局、产业发展阶段存在差异,邮轮产业发展水平呈现由核心区域向边缘区域渐次降低的态势,区域整体产业发展水平较高,竞争力较强。

3.3.5 网络模式

该模式是一种较为成熟的区域邮轮产业合作形式,适用于经济开发程度较高、产业经济已呈"面"状发展的发达区域。这一模式表现为多极核网络分布形态,区域内形成了众多发展水平、发展规模相当的增长极和增长轴,各个增长极之间通过交通网络连接起来,在保持极化效应的同时强化梯度转移的扩散效应,在整个产业合作区内生产要素充分流通,形成全方位、开放型的邮轮产业合作网络。此时区域经济与产业发展相得益彰，相互扶持，形成区域产业合作的理想模式。在这一模式下，生产要素流动所形成的集聚和扩散效应得到充分发挥，各个极点之间共享邮轮旅游资源，合作开发邮轮旅游项目、邮轮航线，各地方旅游资源因网络化得以优化重组、优势互补，从而吸引不同类型、不同层次的游客群体。各个网络节点之间互为市场、互送客源，通过多层次、多方位的区域产业合作，推动区域内邮轮产业的快速发展，构建全方位网络化合作模式，最终形成产业合作一体化。

3.4 空间发展模式构建

3.4.1 区域邮轮产业增长极

选择区域邮轮产业增长极应具备一定的条件：一是具有一定的邮轮旅游经济规模。邮轮市场和邮轮产业发展程度越成熟，区域产业辐射越广，带动区域产业发展的能力就越强。二是具有良好的邮轮产业发展基础和旅游接待设施。三是具有完善的交通运输、信息通信、行政管理等先进的城市服务设施和管理体系。南海海域广阔，文化存在多元性，港口条件优良，旅游资源丰富，环南海国家在发展邮轮产业的过程中选择了与自身自然和社会条件相契合的战略途径，选择以邮轮产业链下游为主的发展道路，并在具备条件的区域形成了产业增长极。

区域产业发展中心可以采取双中心模式，如新加坡和中国香港作为传统亚太区域邮轮产业发展中心城市，都以完善的基础设施和丰富的旅游资源著称，吸引世界各地的游客前来游览和乘坐母港邮轮。区域产业发展中心也可以采取多中心模式，即产业存在多中心或主副中心，在主中心周围建设副中心的模式。从新加坡出发的母港邮轮主要航行区域在马来西亚和印度尼西亚海域，从中国香港出发的母港邮轮主要航行区域在越南、中国台湾等地。多年来，新加坡和中国香港依托良好的港口基础设施和优质的邮轮服务，在环南海国家邮轮产业发展中保持领先地位。

从区域产业经济发展的空间过程看，最开始是一些条件较好的区域优先发展邮轮产业，并形成相应的产业中心。随着邮轮经济的发展和产业中心的增加，在中心与中心之间，因产业经济联系逐步增强，必然会形成连接各个发展极的邮轮产业经济轴。这些轴线是为连接各个发展点而自然形成的，在其形成之后，将对相关产业和从业人员产生较大的吸引力，吸引企业和从业人员会聚到轴线两侧，形成产业轴和经济带。通过合理选择增长极和轴线，促使邮轮相关产业有效地向增长极周围及轴线两侧集中，可以由点及线，由线带面，形成区域邮轮产业经济带。

3.4.2 区域邮轮旅游重点开发轴

在选择区域邮轮旅游重点开发轴时，应优先考虑具有潜在优势、旅游发展潜力较大的区域，包括旅游资源相对密集、市场吸引力强、开发潜力大的地区。重点旅游开发轴线的选择要以旅游合作发展为基础，反映现实的旅游空间结构，考虑现有的交通运输通道及轴线周围区域经济发展状况，进而能够促进重要区域的经济联系。重点旅游开发轴线连接了空间开发重点地区、经济活动集聚地及旅游中心城市。开发轴的出现扩大了旅游容量，提供了更多的旅游从业机会，加强了旅游基础设施建设。

根据邮轮旅游的供给要素和需求要素，环南海国家邮轮旅游圈层从总体上可以划分为内部圈层和外部圈层，内部圈层为产品运作圈，外部圈层为市场支撑圈。环南海国家邮轮产业合作发展点轴可以分为三级，新加坡和中国香港是环南海地区邮轮旅游合作圈的旅游中心、交通网络中心和经济中心，因此将新加坡和中国香港作为一级旅游中心，中国、马来西亚、泰国、印度尼西亚作为二级旅游中心，圈内的其他国家作为三级旅游中心。在发达的交通网络基础上，各圈层中心之间形成轴线，如新加坡—马来西亚—泰国，新加坡—泰国—越南，中国香港—越南等。根据各个圈层的旅游资源和服务水平合理进行产业布局，消除各个圈层间的障碍，通过"点—轴—圈"扩散机制的梯度转移，突破国界限制，相互联动，旨在实现区域邮轮经济由近及远的空间层次分化，即圈层式梯度拓展。

第4章　环南海国家邮轮产业合作构想

4.1　环南海邮轮产业圈的基本特征

环南海国家邮轮产业圈的形成，可以使域内相关的产业园区、旅游景区、著名景点统筹规划、联合运营，完善区域内的邮轮产业层级、丰富旅游资源及旅游产品结构。各国的邮轮产业、相关旅游景区资源实现联合开发，以资源共享、优势互补、联合营销为原则，通过邮轮市场一体化、邮轮旅游要素一体化和旅游区域一体化等来促进环南海地区邮轮产业的共同发展。环南海国家邮轮产业圈的形成有利于提升环南海地区邮轮业的整体实力，有利于维护中国与环南海国家间的和平与稳定。环南海邮轮产业圈作为一个较大的产业经济地域综合体，其特征来源于自身形成和发展过程中所具有的独特要素，如各区域产业发展水平，旅游资源的特征与空间组合，各国的经济、社会、文化发展情况等，这些因素对邮轮产业圈的需求与供给都会产生影响，因此环南海邮轮产业圈会显现出如下特征。

4.1.1　整体性

环南海邮轮产业圈是一个优势互补的产业区域，圈内的产业要素整体集聚并形成产业规模效应。邮轮产业链各个环节上的企业互相创造需求，形成一个有机整体。环南海国家的产业资源整合增强了区域邮轮旅游竞争力，区内相关旅游资源要素的整体规划和系统开发能够实现综合效益最大化。圈内国家自发形成一个巨大的旅游市场，同时外部市场源源不断向圈内输入客源，这些旺盛的旅游需求将通过较密集的邮轮航线输送到整个旅游区域。

4.1.2 层次性

环南海邮轮产业圈是以邮轮产业发展较好的国家为主体，带动周边国家协同发展的层次清晰的产业发展地域体系。产业圈依据旅游客流的运动规律、旅游资源的组合效应、旅游目的地的通达性和旅游市场形象定位的空间差异性形成不同的产业发展层次。从空间上看，环南海邮轮产业圈可划分为四大板块、六大旅游中心。马来板块包括以新加坡港和马来西亚巴生港为中心的马来半岛邮轮旅游产业区，中南板块包括以泰国的林查班港为中心的中南半岛邮轮旅游产业区，中国板块包括以中国香港、海南三亚为中心的南中国海邮轮旅游产业区，菲印板块包括以菲律宾马尼拉和印度尼西亚巴厘岛为中心的邮轮旅游区。

4.1.3 开放性

环南海邮轮产业圈在强调区域合作的同时，也接受域外合作，即主张对内开放和对外开放达到平衡。开放地区的合作不仅要求成员国之间相互开放、相互平等、消除歧视、减少区域内障碍，也支持域内成员国与域外国家的交往，力争在开放中推动各国共同进步，促进环南海地区共同发展。建立开放性区域产业合作可以使域内各国的邮轮产品以更加优惠的条件进入对方市场，从而拓宽邮轮产品出口渠道，分散风险，推动市场多元化。同时，还可以在更大的范围内实现资源优化配置，发挥各自的产业比较优势，提高整体实力。开放性区域合作给域内国家提供了平等的投资和发展机会，增强了各国抵御风险的能力。经济实力较弱的国家可以通过区域合作从区域内经济实力较强的国家引进技术和资金，逐步缩小与邮轮产业发展较快的国家的差距。

4.1.4 多样性和互补性

环南海国家和地区经济发展水平存在着巨大差异，正是这种差异，形成了多样性和互补性，使地区内的经济体互相交流，努力寻找适合本地区产业发展的合作方式和途径，以此推动外部市场"内部化"，即把过去存在的不确定的、动态变化较大的外部市场，通过各国产业联合发展的方式，将其变成扩大的内部市场，以此延伸内部市场。区域邮轮产业合作可以产生几方面的效应：一是经济互补，成员国或地区之间存在着一定程度的互补性，彼此联合可以取长补短，促进产业经济发展，形成双赢；二是区域内市场的开放性扩大了市场规模，有利于形成产业规模效应；三是成员国之间形成利益共同体，有利于保护彼此的利益，增强区域产业竞争力。正是区域产业合作的多样性和互补性的相互作用，推动了区域产业合作的快速发展。

4.2 环南海邮轮产业合作区建设的基本原则、目标和步骤

4.2.1 环南海邮轮产业合作区建设的基本原则

环南海邮轮产业合作区建设应坚持平等协商、互利互惠、可持续发展的原则。中国和环南海其他各国应认识到合作的重要性和紧迫性，各方在和平共处五项原则的基础上积极参与合作区建设。环南海国家邮轮产业合作区建立后，应重视合作过程中的经济、社会和环境的和谐统一。

4.2.2 环南海邮轮产业合作区建设的目标和步骤

环南海邮轮产业合作区建设的基本目标应当是"旖旎热带滨海邮轮度假胜地"。参照中国国家旅游局编制的《中国旅游业发展"十五"计划和2015年、2020年远景目标纲要》，其中规划的旅游圈中涉及环南海区域的跨国旅游圈，如澜沧江—湄公河次地区旅游圈，包括中国、缅甸、老挝、泰国、越南等国，亚洲开发银行对这个旅游圈给予了高度重视，并组建了相应的机构。

环南海各国应联手促成邮轮合作区的建立，确立跨国合作区共同开发资源、共同开拓市场的全方位的跨国合作机制和协作理念，通过产业环节优势互补、旅游整合营销树立"旖旎热带滨海邮轮度假胜地"的整体形

象,"旖旎热带滨海"体现了环南海地区多姿多彩、韵味无穷的自然风光。进一步加强环南海国家产业合作协调机构的联系,通过开展多边和多层次的合作,推动环南海各国邮轮产业合作向深度和广度发展,使环南海地区成为全球主要的邮轮旅游胜地之一。中国与环南海国家间应就跨国邮轮旅游新产品、新航线建立广泛的协作关系,共同开发中国与环南海国家之间形式多样的新型邮轮产品,力争与邮轮产业合作各国建立面向世界的邮轮产品整合营销网络。

合作区的建设可以分三个阶段进行:第一阶段,2015—2020年,环南海各国完善邮轮基础设施及服务区建设,包括邮轮港口、配套设施、邮轮船供等服务;第二阶段,2020—2025年,环南海各国完成邮轮产业链布局,各国产业链融合可以两种形式存在,一种是产业链多领域覆盖型,业务涉及邮轮产业链上的多个环节,另一种是选择产业链上的某一段作为核心业务;第三阶段,2025—2030年,建成环南海无国界邮轮产业区,实现客流、物流、资金流等无障碍流通。

4.3 邮轮产业合作的关键

4.3.1 发挥各国政府和国际组织在合作中的重要作用

跨国跨区域的产业合作中,各国之间的利益协调将影响到合作能否顺利进行,此时各国政府和国际组织在其中将起到决定性作用。各国政府的作用体现在创建或参与国际合作组织、订立国际条约、进行调解周旋、修改或取消各类限制性政策、为多边合作创造更加灵活多样的合作环境。

环南海国家邮轮产业合作区的建设是跨地区、跨国家的区域合作,需要一个统一的官方产业协调合作机构,以便针对各国在邮轮产业发展政策、邮轮基础设施建设、邮轮航线开发和客源市场开拓等方面出现的相关问题进行统一规划和协调。现阶段可以考虑设立一个由环南海国家及地区政府、邮轮企业和行业专家组成的半官方性质的"邮轮产业发展委员会",其职能为:制定邮轮产业带建设发展规划;对产业合作中的各种方案进行论证，尝试解决合作中出现的各类问题；协调各国旅游监管政策，如简化入境手续等；与世界旅游组织、联合国工业发展组织、亚洲开发银行等组织进行协调，促进和发展邮轮产业，筹措发展资金；开展产业信息、人才的合作与交流。

跨国跨区域的产业协作中，各合作区域间的利益协调与合作能否顺利进行密切相关，此时更应发挥国际组织和各国政府的作用。各国政府的作用体现在创建或参与国际组织，签订国际条约、调解周旋、减少或取消各类限制性政策，为合作提供更多便利条件、创造更多机会等方面。

4.3.2　建立区域邮轮产业的合作机制

区域邮轮产业合作政策包括合作主体、合作客体、合作媒体、合作政策及建立邮轮旅游合作市场。区域产业合作是域内不同地区的产业合作主体，依据达成的章程或协议，将产业发展要素在地区之间重新排列组合，旨在取得产业合作发展的最大经济效益，进而使区域产业合作各国政府制定的产业发展政策趋同。合作主体、客体及媒介之间相互联系、相互作用促使产业合作圈的功能日趋完善。区域产业合作的实现主要基于三个基本条件：第一个条件是要素流动自由化。即保证区域成员间的生产要素、劳动要素、资本要素和产品能够自由流动。第二个条件是利用法律促进合作区域要素流动的便利化，合作各国制定相似的法律法规及行政条款有助于生产者、消费者及资本要素等的自由流动。第三个条件是竞争政策。竞争政策确立了区域产业合作的基础。通过建立公平竞争的原则，实现自由竞争、优胜劣汰，最大限度地发挥市场机制的作用，进而提高整体经济效益。

（1）建立区域邮轮产业合作的信息机制

区域产业合作的信息机制是指信息作为一种生产要素在区域间流动、组合、配置及与此有关的产业合作协调机制。区域产业合作的信息机制能够促进区域内邮轮产业资源的优化组合和配置，从而获得最大收益。

①成员国间政府部门产业合作信息机制

各成员国可以借助国际组织来获取产业合作的信息。环南海地区的国家可以充分利用中国—东盟自由贸易区合作协议促进区域邮轮产业的发展和合作，同时依据"信息透明化"原则向世界旅游组织、亚洲开发银行、经济合作与发展组织等世界性组织及时准确地传递各国产业发展的最新信息。这些世界性组织为协助合作区域成员进行决策，将传递来的信息加工整理后再反馈给各个成员国。环南海国家邮轮产业合作如果能够利用各个国际组织的这种信息合作机制，将对域内邮轮产业的发展带来极大益处。

②成员国间非政府的产业合作信息机制

非政府产业合作信息机制的参与主体主要是相关企业，一方面，跨区域的邮轮产业合作，促使以邮轮产业上下游相关企业为主体的产业合作信息机制不断完善。邮轮修造企业、邮轮旅游公司、邮轮港口服务企业成为邮轮产业合作信息机制建立的基础。信息能够促进资源的有效配置，作为一类特殊的生产要素，其在企业的生产、经营、销售中起到了关键作用。当企业的生产经营活动跨越国界时，必然伴随着信息在国际流动。另一方面，跨国邮轮公司作为非政府产业合作方式的主要推动力，在各国建立分支机构时自然引入了产业合作信息机制。

（2）协调区域产业合作的市场机制

区域产业合作市场机制的协调内容包括干预和保护、排外保护、费用统一三种方式。干预和保护是为了有效地开展各国间的产业合作，对区域内的产业发展采取保护措施，针对环南海国家邮轮产业合作中出现的违反合作宗旨、不正当竞争的行为进行干预，从而提高区域邮轮产业的全球竞争力；排外保护是指环南海各国旅游者在域内旅游时，在域内简化手续、提供便利、降低价格，当其到域外旅游时适当提高费用；费用统一是指环南海各国旅游者在域内旅行时各项费用价格统一。协调则需要制定环南海国家邮轮合作市场的价格机制，价格机制是区域邮轮旅游合作运行的核心，具体包括目标价格、干预价格和门槛价格。

4.3.3 充分发挥跨国战略联盟的作用

跨国战略联盟是指来自环南海国家邮轮产业的两个或两个以上的企业，为实现各自的或共同的发展目标，通过股权或契约建立起来的长期合作关系。按照联盟成员相互整合的程度可以划分为股权联盟和契约联盟。股权联盟可以按照合资企业和交叉持股的方式运作，契约联盟可以按照联合研发、联合生产、联合营销和特许经营的方式运作。按照联盟目标的不同可以划分为产品联盟和技术联盟，产品联盟就是为了实现邮轮旅游产品低成本优势和规模效应，而技术联盟则是邮轮修造公司、运营公司、管理公司等与其他企业或机构建立的以技术为纽带，通过技术的传递、共享、整合及管理等进行合作创新的联盟。

跨国战略联盟的作用体现在以下几个方面。

（1）提升竞争力。先进技术是跨国公司提高竞争力的主要环节。在产业技术日新月异的今天，没有任何一个企业可以长期垄断某项技术，企业依靠自身长期掌控竞争优势的难度不断增加，越来越依赖外部资源。建立跨国战略联盟可以提供一种独特的资源配置方式，为跨国邮轮公司利用外部资源并实现资源的共享与优势互补提供渠道。通过与环南海各国联盟伙伴的合作，跨国邮轮公司将信息网络覆盖到整个联盟区域，利用各个联盟国家企业的科研力量，可以加快邮轮产品的研发速度和提升研发水平。

（2）分散风险。建立跨国战略联盟，可以缩短产品开发时间，降低研发成本，分散研发风险。跨国公司从以前的独立开发、独立设计转变为技术合作。建立跨国战略联盟，可以拓宽信息获取和传递的渠道，避免技术研发的盲目性，避免资源浪费和重复投资，提高科研资金的使用效率和技术推广效率。

（3）开拓市场。当各个跨国邮轮公司之间的目标顾客一致而提供的产品存在差异时，为使邮轮产品能够快速进入对方市场，公司通过跨国战略联盟协议，利用彼此的销售渠道和销售网络扩大邮轮产品的销售市场。

（4）增强环境适应性。跨国战略联盟在合作安排上具有较大的灵活性，对经济环境的变化适应性较强。各国邮轮公司之间通过建立跨国战略联盟，加强合作，共同发展客源市场和维护竞争秩序。建立跨国联盟能使参与的邮轮公司保持灵活的经营机制，并与市场需求变化紧密结合。这种合作方式扩大了各个邮轮公司的业务范围和市场范围，避免了企业规模膨胀和垄断的形成。

4.4 环南海国家邮轮产业合作路径探索

4.4.1 推进邮轮旅游发展

(1) 邮轮旅游产品的差别化

充分挖掘环南海各国邮轮旅游发展潜力，实施旅游产品差别化战略，合作区实现真正的竞争与合作模式。环南海各国邮轮产业发展阶段和发展水平各不相同，旅游资源和旅游特色各有千秋，应针对上述差异分别制定适合本地区的产品发展战略。邮轮旅游产品差别战略的实施能够提高合作区内各个参与国的邮轮旅游业发展水平，着重发展各国独具特色的旅游产品。差别化发展有利于合作区内邮轮航线的组合开发和旅游商品的组合销售。

(2) 优化邮轮旅游产品地域结构

旅游产品地域结构是指各国提供的旅游产品在地域空间中形成的分布及其相互间的关系。各种类型的产品组合如果存在于一个较集中的范围内，将会产生集聚作用，其产生的共同吸引力将大于单个产品。多个产品组合可以实现互相配合、适当分工的效果。旅游产品的地域结构存在既互补又竞争的关系，如果产品的互补性强，则会增强单个产品的吸引力，扩大客源市场；如果产品的竞争性强，则会分散客源，减少单个旅游产品的吸引力。邮轮旅游产品空间结构的优化就是合理安排旅游产品的空间分布，丰富多个单项旅游产品，如合作延长邮轮航线、合作开发旅游景点等。通过合理搭配使得旅游产品能够以点带线、以线带面，形成纵横交错、优势互补的邮轮旅游产品地域格局。通过合理规划邮轮航线，能够提高环南海地区邮轮旅游的吸引力，加强环南海国家邮轮旅游区域合作，使其成为世界邮轮旅游的热点地区。

(3) 整合域内旅游资源

环南海国家拥有丰富的自然旅游资源，如泰国的芭堤雅、普吉岛，马来西亚的云顶，印尼的巴厘岛，新加坡的圣淘沙，以及被列入世界自然遗产名录的越南下龙湾等。此外，环南海国家悠久的历史文化积淀了丰富的人文旅游资源，如泰国的大皇宫和佛寺、柬埔寨的吴哥窟等。环南海各国有100多个民族，人口较多的有爪哇族、傣族、缅族、高棉族和华族等，主要语系包括中南半岛地区的汉藏语系、马来群岛地区的南岛语系以及印地语系。环南海国家因受通商、战乱及殖民的影响，既保留了本民族的传统文化，又兼具佛教文化、印度教文化、伊斯兰教文化、天主教文化及西方现代文化的特色，民族风情多姿多彩。整合环南海各国拥有的优势旅游资源，以旅游资源为基础，按照旅游结构合理化、产品多元化、产品结构优化的原则，整体规划较分散的邮轮旅游线路，优化组合各国优质的旅游资源，包括人文旅游资源整合、度假旅游资源整合及自然观光旅游资源整合等，推出具有市场竞争力的南海邮轮旅游产品，如海洋人文旅游、滨海度假观光旅游、海洋生态旅游等，形成产品互惠互利、互助合作的邮轮产品一体化格局。

（4）邮轮旅游发展的空间拓展

邮轮产业合作发展应实施邮轮旅游发展的空间拓展策略，将环南海地区作为一个统一的目的地规划建设，以参加合作的区域整体为单位，开展市场调研，对旅游区域进行整体营销，占据更多的传统市场份额，开拓新兴旅游目的地，共同塑造国际形象，提高整个旅游区的知名度、美誉度。新兴旅游目的地的开拓为传统客源市场提供了新的发展空间，扩大了传统客源市场的覆盖面。参与各国利用合力，培育共同市场，可以增加客源，降低旅游费用，促进新老旅游地互动发展。邮轮合作区的国家之间取消非正常壁垒，互为客源地和目的地，共同培育客源市场。

4.4.2 推进邮轮产业区域布局

（1）推动邮轮港口区域的多元化发展

环南海国家可以将各国的港口资源进行整合，从多个国家层面统筹规划邮轮旅游发展。通过密集的邮轮航线将各个港口及邮轮旅游区串联起来，扩大区域旅游的边界，提升港口的辐射带动作用，促进邮轮港口的基础设施建设水平、港口服务质量的提升。港口群的形成拓展了邮轮企业的运营空间，港口成为各国邮轮旅游资源流动的桥梁，为了满足不同档次客源市场的需求，利用合作区内各个港口城市的资源开发多元化邮轮旅游产品，整合区内的旅游城市及港口周边地区的旅游资源，推动邮轮旅游业的综合发展。多元化不仅体现在港口功能方面，更体现在城市为港口提供了多元化服务体系。合作各国在设计港口城市规划和发展战略框架时，应将邮轮旅游考虑在内，通过邮轮旅游对区域经济的带动作用，促进港口服务区功能的提升，实现土地多元化开发利用，建设城市地标性滨海景观。

（2）促进国际邮轮产业经济发展

环南海各国可以充分发挥区位优势，协调各国区域资源配置方案，改善环南海地区发展邮轮经济的条件和基础。从产业布局角度，可以将发展程度最好的新加坡港作为国际邮轮产业服务基地，形成以新加坡为中心，以马来西亚、泰国邮轮港口为两翼的优势互补、错位发展的邮轮产业格局，从而有效发挥邮轮经济对各国第二、第三产业的拉动作用。通过邮轮产业链的横向扩展和纵向延伸，构建邮轮产业体系和总部经济，实现邮轮产业带动港口城市经济发展的目的。

4.4.3 充分发挥邮轮产业政府职能

（1）合作各国重视邮轮旅游基础设施建设

邮轮港口的发展离不开配套交通基础设施的建设，各国应重视诸如港口周边区域的航空港、高速铁路、高速公路等交通网络的建设，合理规划连接邮轮港口到市中心、景区景点、周边腹地的城市交通网络，完善港口配套设施及设计建设舒适便捷的客运大楼。

（2）打造邮轮旅游可持续发展体系

打造邮轮旅游可持续发展体系是指邮轮旅游既要满足当代人需要，又不危害后代人满足自身旅游的需要。具体而言，可持续发展体系既需要提高旅游者的旅游质量，又需要改善目的地居民的生活质量；既促进本地旅游发展的持续性，又能同周边邮轮港口地区协调共处，进而实现旅游资源共享。可持续发展就是在协调环境保护与旅游开发之间的矛盾的同时，兼顾资源、经济、社会、环境的协调发展，其实质是实现旅游业、旅游资源、人类生存环境的和谐统一。

邮轮旅游可持续发展体系包括邮轮旅游社会支持体系、邮轮旅游经济支持体系、邮轮旅游环境支持体系和邮轮旅游资源支持体系。邮轮旅游社会支持体系涵盖港口区域在邮轮旅游发展过程中的投入产出、政府用于基础设施建设的财政比例、港口废弃物及污水处理能力、人均受教育水平、港口可达性、港口区域居民满意度、旅游者满意度等。邮轮旅游经济支持体系包括国民生产总值发展速度、居民年人均可支配收入、人均旅游总收入、旅游业平均利润率、旅游总收入占 GDP 的比重、旅游收入占城市居民收入的比重、城市人均旅游收入年均增长率、旅游投资年均增长率、旅游新产品研发能力、旅游企业拓展旅游市场空间的能力等。邮轮旅游环境支持体系包括目的地景点及城市植被覆盖率、环境质量综合指数、宾馆和景区新能源新材料利用率、城市旅游活动空间公共卫生条件、城市三废综合处理率、城市环境投资占 GDP 比重、游客规模与自然环境承载力的比值、城市节能公共交通工具使用率等。邮轮旅游资源支持体系包括资源保护程度、旅游资源总量、旅游资源稀缺性、旅游区资源供给程度、生物多样性程度、生态承载能力、优良级旅游资源数量等。

(3) 建立合作各国认同的邮轮旅游市场监管体系

①建立邮轮旅游市场监管的法律体系

环南海合作国家应针对邮轮旅游产业的独特发展模式，进行科学合理的判断并及时根据其发展趋势完善立法，通过法律手段和方式对邮轮旅游市场进行有效监管，可以避免邮轮旅游市场被过度行政干预，从而为旅游市场监管的良性发展和高效运行提供法律保障。

②建立合理的邮轮旅游市场行政监管模式

邮轮旅游市场的良性运行不仅需要完善法律保障，还需要建立合理的邮轮旅游市场行政监管模式。从环南海各国邮轮旅游市场行政监管的发展趋势来看，可以考虑采用的行政监管模式包括旅游委员会模式和混合职能部门模式。合作各国可以建立一个统一的环南海国家邮轮旅游委员会，再在各国分设旅游委员会，各国与旅游有关的其他部门均需参加该委员会。环南海国家邮轮旅游委员会有两方面的职责，一是协调各国各部门之间的关系；二是对各国的邮轮旅游工作进行指导。混合职能部门模式就是将监管职能与其他相关职能混入一个专门的旅游监管部门当中，这个专门的监管部门将统一协调和管理旅游部门与其他部门的良好运行。

上述邮轮旅游委员会模式和混合职能部门模式有利于实现多国邮轮旅游市场的有效监管，能够实现环南海各国旅游市场监管的多元化，使旅游市场多方协同监管的目标得以有效实现。

③充分发挥邮轮旅游行业组织监管职能

邮轮旅游市场监管离不开行业组织的监管。可以考虑邮轮旅游行业组织与环南海国家邮轮旅游管理机构共同享有邮轮旅游市场的行政监管权，旅游行政主管部门与行业协会、半官方机构之间分配邮轮旅游市场监管权，协调配合，充分保障旅游市场监管秩序。合作各国携手完善邮轮旅游市场行政监管法律体系，如旅游基本法和旅游专项法，并选择较合理的旅游市场行政监管模式。合作各国协商邮轮旅游监管机构的设置及监管职责的详细划分，充分发挥行业协会监管的作用，使行业组织在邮轮旅游监管中起到较重要的作用。

第三篇 邮轮产业对海南区域经济发展的影响分析及策略研究

第 1 章　导论

1.1　研究背景与意义

1.1.1　研究背景

邮轮产业是以海洋休闲度假旅游为核心带动关联产业的发展而形成的总体产业经济效应。邮轮产业依托海洋旅游为经营舞台，具有跨区域性、海洋文化传播性及世界文明载体性等特征，被誉为"漂浮在黄金水道上的黄金产业"及"漂浮的城市名片"，发展潜力巨大。当前，世界经济正处于深度调整期，中国经济进入"新常态"，正在砥砺前行。"一带一路"倡议构建了中国对外开放的新格局，为亚欧区域合作注入了新的活力，为我国全面推进新一轮对外开放提供了新的契机，这些均为国际邮轮产业的发展奠定了良好的基础。邮轮产业作为海洋旅游经济发展的核心动力，其对区域经济发展的推动作用日益显著，逐步成为国际旅游区域经济发展新的增长极。海南无论在地理位置还是在旅游资源方面都具有得天独厚的优势，发展邮轮旅游产业可以更好地推动海南成为国际旅游岛、国际航运中心枢纽。海南省推动邮轮产业加快发展，对于"新海上丝绸之路"的建设、"一带一路"倡议的实施、促进海岛经济持续健康的发展和扩大海南旅游影响力具有非常重要的意义。目前，海南邮轮产业初具规模，已在三亚、海口建成三亚凤凰岛国际邮轮母港及海口秀英港邮轮码头。2006 年国内首个 8 万吨级邮轮专用码头在三亚凤凰岛邮轮港建成，2012 年凤凰岛启动邮轮码头二期工程建设，竣工后三亚将拥有 2 个 15 万吨级码头、2 个 22.5 万吨级码头。届时，三亚凤凰岛邮轮母港将成为亚太地区最大的邮轮母港之一，能够靠泊 22.7 万吨级的世界最大邮轮。目前，海南正在发力邮轮产业链，规划在未来 5 年，拥有 10 艘以上以海南作为母港的邮轮，邮轮的年靠泊数量达到 300 艘次，力争把海南建设成为亚太地区重要的邮轮产业集散中心和国际邮轮旅游目的地。

1.1.2 研究意义

海南省位于泛珠三角、东盟经济圈、太平洋经济圈的战略要地，海岛南部的三亚市扼南海海上交通要道，辐射东南亚、南亚、大洋洲、非洲和欧洲等国家和地区，具有发展高端邮轮及相关产业的得天独厚的区位优势。国内对邮轮产业的研究是从 2003 年起步的，2007 年后逐渐增多，尤其是 2008 年，在《关于促进我国邮轮业发展的指导意见》下发后，相关研究数量猛增，但与海南省相关的研究较少，目前的研究主要集中在邮轮旅游市场开发、邮轮消费、邮轮母港的建设等方面，缺少关于邮轮产业对区域经济影响方面的研究。海南在发展邮轮产业方面优势明显，随着海南省邮轮港口的蓬勃发展，邮轮经济的成果也日益显现，邮轮母港产生的直接经济效益和间接经济效益越来越大。本课题拟从邮轮产业对区域经济发展产生的影响进行研究，深入探讨其对经济发展的促进作用，并提出促进产业发展的相关策略，旨在弥补该领域研究的不足，为海南邮轮产业助推经济发展提供理论参考，具有重大现实意义。

1.2 国内外研究综述

1.2.1 国外研究综述

国外对邮轮产业的研究主要集中在推动邮轮产业发展的因素分析和发展邮轮产业对当地的影响等方面的研究。由于北美地区和加勒比海地区是世界邮轮产业兴起最早的地区，也是世界上接待邮轮游客最多的地区，所以，多数学者都以这两个地区为例进行相关的研究，研究也多是集中在对于当地的经济和环境影响方面。如 Timothy S. 和 George S.（1985）研究迈阿密邮轮产业发现,该产业为当地带来了 5.46 亿美元的旅游收入,并且能促进就业、消费等经济活动。Mamozadeh 和 G. Abbas（1989）认为邮轮经济对加勒比海地区各个岛屿国家的发展起到了重要的推动作用。Chase 和 GregoryLee.（2001）对 20 世纪 90 年代加勒比海地区邮轮业对经济产生的影响进行了研究。他们从投资、政府和进口的开销等方面来分析邮轮旅游对各个独立岛国的经济影响,从而推断出为邮轮游客进行相关设施的投资可以推动本国经济发展。Morehouse 和 Koch（2001）指出,邮轮经济成为拉动北美地区旅游业的重要支撑产业,邮轮的挂靠可使北美旅游业收入提高 8%,但带来的环境问题不容忽视,并对如何减少邮轮产生的环境影响提出了建议。Wood 和 Robert（2006）分析相关数据后指出,加勒比海在海上全球化进程中发展邮轮旅游所带来的收益远远高于其他类型的旅游。Juan Gabriel Brida 和 Daniel Bukstein（2010）运用问卷调查分析邮轮乘客前往哥伦比亚加勒比海支出费用的情况,指出邮轮旅游对经济产生促进作用。关于邮轮旅游产业,国外部分学者在研究方法上以实证为主,采用定量化的研究模型或者研究方法,理论性的研究较少,这与国外邮轮旅游产业发展较为成熟有一定的关系。如 Larry Dwyer 和 Peter Forsyth（1998）设计了一个邮轮旅游对一国及其周边区域经济影响的框架,探讨利用该框架估计相关收益和成本。Braun 等人（2002）利用区域投入—产出模型评估了邮轮旅游产业对美国卡拉维尔港（Canaveral）区域经济产生的效应。Ingham 和 Summers（2003）运用数据分析,阐述了远洋邮轮对世界经济发展所产生的影响。Zak Farid（2006）指出邮轮可以复兴海上客运业,促进旅游业和相关行业的发展,进而对经济贸易和产业链产生深远影响。Diakomihalis（2007）运用旅游卫星账户（Tourism Satellite Account）的方法尝试研究邮轮旅游对希腊宏观经济的影响。Daniel Bukstein 和 Emiliano Tealde（2012）运用横截面回归模型研究邮轮乘客在乌拉圭两个港口区域的支出,指出邮轮乘客到访一个以上的城市将对区域经济产生推动作用。

1.2.2 国内研究综述

相比国外对邮轮产业的研究,我国邮轮产业的研究刚刚兴起,国内学者对邮轮产业的研究虽然逐年增加，但是文献总量仍然非常有限，现存的文献也多是宏观方面的分析，缺少微观方面的研究，远不能满足中国邮轮产业发展的需求。相比国外关于邮轮产业影响的研究，国内的研究更多关注于邮轮产业所带来的经济影响，而对于环境影响的研究较少。现存的相关研究主要集中在邮轮产业的特征分析、区域发展，邮轮产业的条件和潜力分析、邮轮产业对经济的影响等方面。买又红、贾大山和金文征（2004）认为邮轮经济对上海的影响日渐加深，将对上海市旅游及其他关联产业产生不可替代的影响。王燕能（2005）认为国际邮轮母港建设不仅对三亚产生深远影响，同时对整个海南省的影响不容忽视，成为国际旅游岛难得的发展机遇。茅峥（2010）研究了邮轮经济发展与旅游产业发展的互动问题，认为邮轮产业相关的基础设施建设将对整个旅游业产生巨大推动作用。王凤庆（2010）认为邮轮产业对沿海城市的经济影响包括扩大本地市场的消费、拉动就业、促进经济快速增长、赚取外汇、提升港口海运服务与管理水平，提升港口国际形象。金嘉晨（2013）认为邮轮产业会对城市发展产生较大影响，如促进商业收入增加、扩大消费、提升服务接待水平、赚取外汇、拉动当地就业、加快当地城市化进程、提高城市的国际知名度等效应。胡顺利（2015）认为邮轮产业能够带动港口城市周边的区域、相关的产业以及港口城市自身共同发展。邮轮产业促进其他相关行业的发展，从而有利于邮轮停靠港口城市旅游产业链的同步发展。

1.3 研究思路与方法

1.3.1 研究思路

本篇以海南邮轮产业为研究对象，深入探讨邮轮产业对区域经济的效应。首先，分析了海南邮轮产业的发展情况及优劣势；其次，分析了邮轮产业对区域经济发展的影响机理；再次，详细分析了海南邮轮产业促进区域经济发展的途径，并用实证方法研究邮轮产业对区域经济发展产生的影响；最后，提出邮轮产业促进海南区域经济发展的策略。主要采用理论研究方法与实证研究方法相结合，定性分析方法与定量分析方法相结合，动态分析与静态分析相结合的方法，同时运用投入产出方法和回归分析法对海南邮轮产业区域经济效应进行分析。

1.3.2 研究方法

（1）文献分析法：通过搜集与邮轮母港、邮轮经济和邮轮产业相关的国内外文献、学术著作等文献资料，以及政府、社会机构、行业协会等公布的权威统计信息，在掌握大量文献基础上，通过整理分析提取有效的信息，对其中重要的结论进行分析借鉴，并进一步提出自己的观点，为本研究的写作积累充分的基础资料。

（2）实地调查法：深入三亚邮轮母港、海口秀英港、邮轮修造基地、邮轮港口服务区、邮轮公司等进行调查研究，获取第一手材料，并对其加以分析，总结邮轮产业对区域经济发展的影响。

（3）投入产出法：采用投入产出方法分析海南省邮轮产业的前后向关联效应，计算出直接消耗系数、完全消耗系数、中间投入率、影响力系数和感应度系数等并对其进行分析。

（4）统计原理分析法：利用统计原理，采用回归模型分析邮轮产业对区域经济发展产生的影响，力图系统揭示邮轮产业推动区域经济发展的内在机制。

第 2 章 海南邮轮产业发展概述

2.1 海南邮轮产业发展概况

海南省地处泛珠三角、东盟经济圈、太平洋经济圈的战略要地,海岛南部的三亚市扼南海海上交通要道,向北连接东北亚邮轮旅游圈、海峡旅游圈;向南连接东南亚、南亚邮轮旅游圈;"新海上丝绸之路"的开辟可使三亚邮轮母港进一步辐射至加勒比海邮轮圈、北非邮轮港口等地;优越的区位优势将会推动三亚发展高端邮轮及其相关产业链。目前海南省的邮轮产业处于起步阶段,主要仍局限于邮轮产业链的下游建设,如邮轮港口及服务区建设,邮轮修造业仍是空白。

2.1.1 邮轮港口建设情况

20 世纪 80 年代末,巴拿马籍邮轮"海洋珍珠宝"首次到访海南,由此揭开了海南与邮轮的不解之缘,拉开了邮轮造访海南的序幕。20 世纪 90 年代初,"明辉公主"号开辟了海口—越南下龙湾航线,使海南有了邮轮母港的雏形。2006 年,凤凰岛国际邮轮港在海南省三亚市建成。凤凰岛国际邮轮港位于国内邮轮港口链的最南端,作为中国第一个邮轮专用码头,是目前中国设施最齐全的专用邮轮港口之一,也是国内首个休闲度假功能配套完整的综合型港区。目前,凤凰岛拥有一个 10 万吨级的邮轮码头,已建成 5 栋产权式酒店。凤凰岛国际邮轮母港二期工程已于 2012 年 4 月 10 日正式开工,工程计划再建 1 座 47.4 万平方米人工岛,规划建设 2 个 15 万吨级和 2 个 22.5 万吨级的邮轮码头。二期工程基本建设投资将超过 30 亿元,配套项目总投资将超过 180 亿元。二期工程位于凤凰岛一期工程西南侧，二期工程设计了两个标段，第一段建设 1 个 15 万吨级的邮轮泊位，总长约 432 米，第二段建设 1 个 15 万吨级邮轮泊位，总长 400 米左右，两部分长度合计约 831 米，码头水工结构和长度均按停靠 22.5 万总吨级的邮轮标准设计。2015 年 8 月已建成第一个 15 万吨级邮轮码头，可以停靠 17.5 万吨以下邮轮，顺利接待了 16.8 万吨级的"海洋赞礼号"邮轮靠泊。目前，凤凰岛二期工程已经建成 2 个 15 万吨级的邮轮泊位，人工岛填岛工程也已完成。工程完工后，凤凰岛邮轮港口预计接待人数将达到 200 万人次，可望为三亚带来 100 亿元以上的旅游消费额。

国际邮轮母港的建设将助推邮轮经济成为新的经济增长极，与邮轮母港建设和邮轮旅游相关的产业会实现重组，母港周边的邮轮服务业将会出现功能分区，进而推动当地产业结构优化升级，生产要素聚集，形成与邮轮旅游经济相关的产业规模效益。海口秀英港西北侧规划为邮轮及南海旅游功能区，秀英港区规划设计为中等规模的邮轮母港，完善邮轮服务区的各项功能，计划建设邮轮服务区、商业区、会展及娱乐区等配套设施。秀英港正在建设国际联检大楼，同时将 2 个 10 万吨级泊位改建为 3 个 5 万吨级邮轮泊位，新建 15 万吨级及 25 万吨级邮轮泊位各 1 个，加快向国际邮轮停靠港方向发展。已经饱和的欧美邮轮市场正在向亚洲转移，海南邮轮产业未来发展潜力巨大。大量高端境内外旅客随着豪华邮轮造访海南的同时，所带来的购物旅游消费会在很大的程度上推动海南邮轮经济的全方位发展，海南邮轮经济犹如一艘巨轮正向深海行进。

2.1.2 邮轮运营的发展概况

海南邮轮及其相关产业主要集聚在三亚和海口的临港区域。海南省出台政策吸引跨国邮轮公司开通经停海口和三亚的航线，如嘉年华、皇家加勒比、丽星邮轮及日本、英国、葡萄牙等邮轮公司，并有 28 艘万吨以上邮轮首航三亚。三亚凤凰岛国际邮轮港从 2006 年开始运营，截至 2017 年 12 月共接待进出港航班 515 航次，出入境旅客 100.6 万人次。2011 年 11 月，丽星邮轮"宝瓶星号"首次开辟了以三亚为母港的三条国际航线。2012 年 9 月中国第一家本土邮轮公司——海航旅业邮轮游艇公司成立，海航旅业从澳大利亚购进47700吨邮轮并于2013年投入营运。2015年8月，中交建与香港中国旅行社合资，携手进军三亚邮轮产业，除组建自有品牌的邮轮船队外，还在邮轮经济区合作、酒店建设运营、教育及康养产业、免税贸易、旅游文化等方面进行合作。为进一步开拓西沙航线，2016年3月，中交建、港中旅、中远洋等三家央企联合成立了"三沙南海梦之旅邮轮有限责任公司"，合资公司通过购买、并购、合作等方式，组建拥有5艘以上邮轮的国内自有邮轮船队。该公司以三亚凤凰岛为邮轮母港，开辟了西沙、南沙、环南海等多条国际国内邮轮航线，尽力打造海上丝绸之路沿线国家邮轮旅游经济圈。

海口是海南省最早接待国际邮轮的港口城市，也是最早引进和发展邮轮旅游的城市之一。1994年9月丽星邮轮"双鱼星号"首航海口秀英港以来，海口作为国际邮轮停靠港已有24年的历史，然而，停靠海口港的邮轮数量并未出现逐年增长态势。目前，海口作为邮轮访问港，仅在冬季开通了至越南岘港、下龙湾的航线。海口邮轮产业发展规模不大，在城市经济发展中所占比重较小。海口邮轮产业目前存在的问题有：产业发展的相关配置基础差，上下游产业链条衔接不匹配，港口泊位条件不足，没有邮轮运营应具备的补给能力等。针对上述的问题，海口出台方案着力解决产业发展瓶颈，依据《海口市游艇邮轮产业发展规划2011—2020》，对秀英港区进行港城一体化开发，秀英港区将形成码头泊位19个，规划建设邮轮港区、旅游娱乐服务区、公共游艇码头等，力争在10～15年将秀英港区建设成为国际邮轮中心。航线方面，2000年丽星邮轮首次开辟了香港—海口—越南下龙湾的航线，2015年11月，丽星邮轮"天秤星号"以海口为始发港，开启每年5个月的航期，2016年"天秤星号"开通海口—下龙湾、海口—岘港邮轮航线。2017年"中华泰山号"以海口为母港航行海口—下龙湾、海口—岘港航线共28个航次，2017年美国银海邮轮"银影号"停靠海口。国际邮轮的频繁到港提升了海口的城市知名度，带动了娱乐、餐饮、交通及其他服务业的发展。

2.2 海南邮轮产业发展优势及挑战

2.2.1 海南发展邮轮产业的优势

(1) 环境优势。海南区位独特，自然环境非常优越。海南岛长夏无冬，气候温和湿润，一年四季都可以进行海洋旅游，是开展邮轮活动的最佳场所。海南地处祖国最南端，向北紧邻珠三角及港澳台地区，向南与越南、老挝、泰国、马来西亚、印度尼西亚、菲律宾、文莱及新加坡等国海路畅通。海南省海岸线最近处距欧亚海上国际航线仅55千米，既是中国通往东南亚、南亚、大洋洲、非洲、欧洲等国家和地区的海上交通要道，又是泛珠江三角洲经济圈、东盟经济圈、太平洋经济圈的交汇点，是中国海域连接东盟国家最多和对外开放的前沿要塞。因此，三亚与海口发展访问港具有独一无二的区位优势，从三亚出港不到一小时便可进入国际主航道。

(2) 资源优势。海南省管辖我国2/3的"蓝色国土"。海南本岛海岸线长达1823千米，占全国总海岸线的1/10。环海南岛四周有70多个优质自然海湾，600多个热带海岛，沙滩连绵，海水清澈，绿树成荫，空气清新，阳光明媚，是世界海洋旅游爱好者向往的目的地。此外，还拥有特殊的热带海涂森林景观红树林、珍贵稀奇的海洋鱼类、自然舒适的海滨浴场、保护完好的热带雨林、特有的海岛火山溶洞景观、独具特色的民族风情等美景。环岛遍布为数众多的旅游资源，高星级酒店云集，为邮轮产业发展提供了良好的配套服务条件。这些明显的资源优势将进一步转化成发展邮轮产业的核心竞争力。

(3) 政策优势。《海南省游艇管理试行办法》是中国第一部专门规范游艇产业发展的地方性规章，实现了15项政策突破。另外，国家赋予海南的离境退税、离岛免税、26国免签证、落地签证等一系列政策的落地，为海南旅游业的发展提供了坚实的政策支持。目前，已有21个国家的旅游团队入出海南可享受"15天免办签证"的特殊政策，外籍游客通关便捷，加上三亚推出全国首个"锚地登轮检查"和"联检大厅检查"相结合的

"移动口岸"服务模式,实现邮轮入境"零等待",邮轮通关便捷。

2.2.2 海南发展邮轮产业的挑战

(1)专业人才稀缺。专业人才是邮轮产业持续健康发展的关键,也是我国参与国际竞争、建设邮轮母港的关键。随着邮轮产业的发展,市场对邮轮管理及服务人才、邮轮高级技术人才、邮轮建造及维修人才、邮轮法律人才等的需求不断增加。邮轮全产业链的建设需要大量的设计、建造、管理、服务及市场运营等方面的专业人才。海南省邮轮专业人才稀缺,邮轮产业的快速发展与人才缺失的矛盾日渐加深,人才供需不平衡在一定程度上阻碍了邮轮管理及服务质量的提升。

(2)立法缺位与政策限制。邮轮旅游在我国属于新兴产业,近年来我国虽然陆续出台了多个促进邮轮产业发展的政策文件,但更多的局限于产业发展的总体设计。我国邮轮产业发展所需的产业支持政策、法律法规均不完善。目前我国只有《港口建设管理规定》和《全国沿海港口布局规划》,关于邮轮母港建设的法律法规不完善。邮轮产业的管理也仅是参照国家涉外航运政策及法规,管理制度与国际航线不适合,缺少与国际接轨的出入境监管程序,没有考虑邮轮产业发展的关联效应,缺乏有关邮轮产业国际资本运作的法律法规,现行管理制度与国际惯例存在较多冲突。如国际邮轮开展博彩业与我国现行法律冲突,《旅游法》对邮轮接待游客购物及观光等活动的适用性不足。

(3)缺少邮轮码头、邮轮航线及旅游目的地。目前世界邮轮制造正朝着豪华化和巨型化的方向发展,由于现有接待能力的不足问题,海南已多次"婉拒"国际邮轮的停靠。海南除三亚以外没有邮轮从港口开出,三亚目前仅有一艘客滚船"椰香公主号"从三亚开往西沙,在自己没有邮轮船队的情况下,很难使更多的游客把三亚作为开始或结束旅程的城市,严重影响三亚邮轮母港的发展。海南目前还缺少邮轮航线和旅游目的地,从三亚开出的邮轮仅能去越南,但受中越关系的影响较大,不能完全保持常态化运营。

(4)邮轮消费文化尚未形成。邮轮旅游源于欧美,目前我国还处于市场推广阶段。虽然海南省邮轮旅游经历了 10 余年的发展历程,但有关的邮轮消费文化尚未形成,很多人对邮轮旅游形式非常陌生,对邮轮旅游的认知也很浅显,很多旅游者还停留在把邮轮作为运载工具,而不是体验休闲时光的旅游目的地,选择邮轮出行的动机就是去目的地观光,停靠港口才是旅游区域的认知。中国特有的"包船模式",令旅行社完全垄断了诸多航次的旅游线路,游客自主选择的范围很小,从而影响了消费者对邮轮旅游的认可度。

第3章 邮轮产业对区域经济发展影响的机理研究

3.1 邮轮产业链的构成

3.1.1 邮轮产业链

产业链形成具有内在联系的企业群结构，强调相关产业或企业的分工协作关系，包含价值链、企业链、供需链及空间链。其实质就是不同产业之间的企业实现关联，企业间存在上下游关系及价值交换，分为联通产业链及延伸产业链。现代邮轮产业涵盖邮轮建造业、邮轮营运业、邮轮商贸服务业、邮轮航运服务业及观光休闲业等生产环节与服务环节，是一个多产业交叉的边缘产业。邮轮产业链属于延伸产业链，以邮轮为基点向上游延伸至邮轮设计制造与研发环节，向下游延伸至港口服务、后勤保障、餐饮购物及金融服务等环节。将邮轮产业链纵向划分可分为上游的邮轮建造业、中游的邮轮营运业和下游港口、金融、旅游商贸服务业等链环。邮轮旅游的发展推动与之相关的产业形成一条承上启下的产业链。梳理邮轮产业链的构成能够更好地分析该产业内部价值增值的过程，阐释邮轮经济背后各产业的相关关系。邮轮经济效应的形成发端于产业关联所产生的价值增值在产业链环间及经济区域内的扩散，邮轮上下游产业链形成纽带关系，各环节的价值活动推动了产业整体向前发展。具体来说，邮轮停靠的港口城市将成为国际邮轮乘客的集散地。一艘邮轮承载的乘客在观光之余的主要目的就是旅行消费，数千名乘客在短时间一次性的到来对提高到港城市的消费能力作用巨大。接着，与邮轮到港服务相关的各项产业，如餐饮、酒店、旅游景点及农业等，都将获得较大的市场机遇。据统计，马来西亚丽星邮轮公司的东亚船队，每年仅船上的消耗就高达7000万只鸡蛋和8000多吨蔬菜。同时，邮轮修造业将带动造船业的发展。造船业被誉为"综合产业之冠"，船舶工业涉及多个产业部门，据统计，全国122个产业部门中多达98个与造船业相关，关联面超过80%。例如，制造一艘万吨级邮轮，除需钢材数千吨、油漆数万升之外，还需通信导航等设备，上千种机器设备的集聚使造价5000万元的船舶在产业链中滚动产生的产值可达5亿元。

3.1.2 邮轮产品供给的内容与特点

随着大众休闲时代的到来，邮轮旅游日渐成为休闲度假的新选择。邮轮旅游产品兼具休闲旅游和海洋旅游的特点，它是以邮轮为依托来满足人们的休闲度假旅行需求的海洋休闲度假组合产品，邮轮既是交通工具又是旅行目的地，还是重要的海上休闲旅游载体，游客通过享受邮轮提供的美食、住宿、娱乐、海上休憩、岸上观光及购物等多项服务，完成邮轮旅行体验。邮轮本身和邮轮航线共同构成了邮轮产品。作为邮轮产品的重要组成部分，邮轮航线为游客提供旅行线路，包括邮轮母港、海上航行时间、邮轮靠泊港和邮轮目的地等要素。邮轮公司设计的旅游线路越多，其提供的邮轮产品就越丰富。目前，国际大型邮轮公司提供的产品既秉承了西方贵族奢华的生活风尚，又融入了明显的时代及地域特征：第一，归为出境游的一种，目前的航线主要集中在东北亚、东南亚、地中海航线和加勒比海航线；第二，休闲娱乐度假功能更明显，邮轮本身就是一个旅游目的地。

3.2 邮轮产业对区域经济发展的影响

3.2.1 邮轮旅游产业在区域经济发展中的乘数效应

现代乘数理论是以凯恩斯乘数模型和里昂惕夫投入—产出模型为基础

发展起来的，旅游经济学家将凯恩斯的乘数模型运用到旅游业的发展研究中，运用旅游乘数研究旅游经济效应，使这种效应评价更直观。邮轮旅游乘数效应通过两类路径进行传导，一类路径是消费渗透效应；另一类路径是投资渗透效应。消费渗透效应主要是通过旅游消费资金注入服务业来完成经济效应传导，如邮轮乘客在抵达目的港之后，通过在目的港城市的景点、餐饮、购物等消费将资金转化为该城市服务行业的营业收入，服务行业获得收入之后将其投入购买生产资料，支付雇员工资，完成旅游消费渗透效应的直接传导。投资渗透效应是通过服务企业扩大投资而完成效应传导，旅游业的发展促使当地服务行业获得可观的经济效益，从而促使该行业企业扩大再生产，带动就业、带动居民收入的提高，完成旅游投资渗透效应的间接传导。

在对邮轮旅游产业的影响评价中，邮轮旅游乘数可细化为旅游产出乘数、旅游投资乘数、旅游就业乘数及旅游收入乘数等。

第一，旅游产出乘数表示单位邮轮旅游消费对旅游业及关联企业产出增长率的影响系数。

第二，旅游投资乘数表示新增直接和间接邮轮旅游投资之和与旅游收入或旅游增加值的比例系数。

第三，旅游就业乘数表示邮轮旅游所带来的直接就业人口与间接就业人口之和与直接就业人口形成的比例系数。

第四，旅游收入乘数表示邮轮旅游目的地对旅游行业的投入与其所产生的综合经济效益之间的比例系数。

第五，政府收入乘数表示旅游支出增加与政府税收增量的比例系数。

3.2.2 邮轮空间经济联系效应

本研究所指的空间经济联系以空间经济网络为载体。邮轮空间经济网络具体由邮轮港口、邮轮产业链各个环节所构成。邮轮上下游产业的发展促进了空间经济网络的形成。邮轮的上游产业主要包括邮轮制造业，如邮轮的设计建造及维修；中游包括邮轮营运业，如海事运营、船上项目经营和资本运营等；下游包括航运服务业及港口服务业。就邮轮产业而言，星罗棋布的港口构成邮轮经济联系的静态网络；流动于邮轮产业链的人流、物流、资金流和信息流等构成邮轮产业的动态经济网络。流的发送及接收、集聚和扩散、流动方向及流量等联合在一起构成空间经济的功能网络。

空间经济联系效应包括空间集聚与扩散效应、空间经济的外部性等。

（1）集聚力与扩散力共同形成了空间经济网络的演化力量，从集聚力的角度而言，空间集聚表现为劳动力与资金会自发追求利润最大化，力求从低利润地区流向高利润地区，人流和物流在邮轮经济网络的不同节点渐次沉淀，形成不同层次和不同规模的企业集群、产业集群和城市集群等。新的网络节点的出现对原有区域经济格局产生影响，各种资源的流向及流量也随之发生变化。人流、资金流必定向发展较好的经济网络节点汇聚，从而形成新的经济增长点。从分散力的角度来看，分散力促进网络节点经济活动向外扩张，把外围逐渐融合进产业体系，节点规模因而不断扩张，网络节点在分散力的作用下产生裂变，继而寻找新的区位重新集聚。

（2）邮轮空间经济外部性是指邮轮产业聚集对外部区域所造成的影响及所产生的空间近邻效应。首先，产业集聚会产生两类外部性，一类是技术外部性，另一类是资金外部性。技术外部性指邮轮企业的产出依赖于各个集聚企业间相互的要素投入与产出，资金外部性指邮轮企业之间的利润来源于集聚企业之间上下游产业链关联产生的成本节约。外部性不仅自身来源于产业集聚效应，而且通过带来技术进步和成本节约促使区域产生更大的竞争力，构成产业集聚效应，进而产生新的空间经济外部性。产业集聚本身具有节约社会劳动的内在要求，同一产业各环节按就近原则组织生产资料和劳动力进行生产经营。在空间感知能力的范围内，经济活动所需的信息资源局限于周围地区，因而经济活动区域扩展空间会以核心产业为同心圆内核，向周边区域圈层拓展。随着圈层的增大，经济带动作用逐层递减。

3.2.3 邮轮产业促进区域产业结构优化升级

邮轮产业发展过程中，必定会在母港邻近区域形成具有交互关联性的企业，如邮轮制造企业、维修企业、配件供应企业、邮轮相关服务企业等组成的群体。邮轮产业因涉及产业众多，所以其发展会增加区域内参与交易的产业数量及促进产业融合，如形成邮轮金融服务业、邮轮物流服务业、邮轮商贸服务业等；邮轮产业的发展扩充了产业类型、扩大了产业规模。邮轮母港的建设影响了区域产业结构布局，培育邮轮产业集群可以促进港口区域产业结构优化，区域产业结构优化又促进了邮轮产业集群的形成。邮轮产业集群的形成一般是通过一个核心主导企业的衍生、裂变而逐步形成产业集群。产业集群将有效促进区域产业结构优化升级。首先，产业集群内的企业围绕着邮轮产业在港口区域聚集在一起，彼此紧密联系、分工合作。其次，集群内的企业通过共享资源、节省物资及信息的传递费用、协同创新，降低了集群内企业的生产经营成本，提高了整个产业的生产效率。最后，因集群内的企业存在竞合关系，同质化产品企业存在激烈竞争，先进企业通过技术与管理方法的创新在竞争中脱颖而出，后进企业为了生存会尽力模仿先进企业，先进企业为了保持竞争优势会更加努力创新，这种创新模仿效应会使新技术、新思想、新方法在集群内传递，增强企业的整体竞争力，促进产业集群不断向高层次发展，如此推动产业结构优化升级。

第4章 邮轮产业对海南区域经济发展的影响研究

4.1 海南邮轮产业对区域经济影响的效应分析

海南邮轮产业对区域经济发展的影响主要有投资效应、创汇效应、就业效应、产业关联效应和产业波及效应等方面。邮轮产业是海南海洋旅游业的支柱，本章将从上述几个方面分析邮轮产业对海南区域经济发展的促进作用。

邮轮旅游是综合性很强的服务性行业，邮轮产业的投资对其他行业具有极强的带动作用，这种性质决定了其具有较大的投资乘数效应。投资乘数效应的大小还与行业关联程度相关，如邮轮母港在建设发展中与许多行业产生关联，从产业经济学的角度来看，邮轮产业关联分为前向关联与后向关联。邮轮产业的前向关联产业涉及港口建筑业、设备装配业等；后向关联产业涉及港口服务业、交通运输业、旅游观光业、商贸服务业、船舶维修业等。以邮轮港口为例，邮轮母港在建设过程中将带动邮轮公司入驻、促进装备制造业发展、提升港口服务区功能等效应；同时，邮轮抵达码头的补给、维修与保养等带动关联产业发展，进一步加强了投资效应。邮轮码头是邮轮经济发展的基础，三亚凤凰岛一期已建成8万吨级码头，二期已建成15万吨级码头，二期工程将新建15万吨、22.5万吨等泊位码头4个，二期工程基本建设投资将超过30亿元，配套项目总投资将超过180亿元。二期建成后，将原来的始发港与经停港的份额比力争由3∶7逆转成7∶3。二期完工后，凤凰岛邮轮游客接待能力每年将达到200万人次，成为亚洲最大的邮轮母港之一。除了正在紧张施工的泊位，作为凤凰岛国际邮轮港重要的配套项目——总投资约 50 亿元的七星级酒店也同时开工。2015 年,凤凰岛开始着力建设一批七星级标准酒店、酒店公寓、产权度假酒店、世界风情商业街、游艇泊位、游艇会所、奥运广场等配套设施,不断完善和丰富邮轮港的服务接待功能。邮轮母港建成以后,将会吸引国际邮轮公司入驻,培养邮轮专业人才与企业,完善配套项目,开发设计一批有吸引力的邮轮旅游产品与线路,将给三亚带来无限的商机,其邮轮旅游也必将成为三亚旅游经济强有力的助推器,为城市经济和社会发展做出较大贡献。届时,三亚凤凰岛整体项目也将成为三亚、海南、中国乃至世界级的标志性建筑之一。

邮轮产业涉及的产业部门众多,包括邮轮旅游业、邮轮设计制造业、港口物流业、餐饮娱乐业、商贸服务业及金融服务业等。这些产业通常能够吸纳大量的就业人口。邮轮港口为了保证正常运营和旅游业务的开展,需要大量码头工人和港口管理人员;邮轮运营管理公司,通常会在邮轮航线沿线节点城市设立地区总部或办事处,因此需要在当地雇用大量的管理人员和邮轮服务人员;邮轮设计制造和维修方面,船舶制造业会向上延伸至采矿业、冶炼业、金属制品业、橡胶制造业及水上运输业等上、下游产业,刺激各个产业的用工需求,带动当地就业。邮轮产业的关联产业主要集中在第三产业,服务业具有强大的就业吸纳能力,能够产生很强的就业效应,据统计,新增 1 个邮轮旅游者将增加 9 个就业岗位。

邮轮旅游业是一个非贸易的外汇获得途径,可以不受贸易保护政策制约,同时节约交易成本和运输成本,获得外汇收入。出口旅游产品可以避开贸易壁垒,提高创汇能力。邮轮入境游是以国际旅游岛无形的旅游服务产品进行对外贸易,入境游客在邮轮母港城市区域的消费形成外汇收入,邮轮旅游的发展能够促进海南岸线旅游资源的开发,开拓海洋旅游市场,吸引国际资本投入旅游基础设施建设和旅游产品开发项目中,满足邮轮旅游消费的需求,形成外汇的净流入。三亚凤凰岛国际邮轮母港是海南省建成的第一个邮轮母港,入境游客主要在三亚登陆,现以三亚市的统计数据为例说明邮轮旅游带来的外汇收入,如表 4-1 所示。

第 4 章　邮轮产业对海南区域经济发展的影响研究

表 4-1　三亚邮轮旅游收入表

年份 项目	2008	2009	2010	2011	2012	2013	2014	2015
入境邮轮游客（人）	56126	15323	14600	15274	18422	83489	80283	54274
邮轮游客外汇收入（万美元）	970.41	270.11	258.53	266.97	320.98	1470.09	1474.33	1109.09
增长率（％）	376.53	-70.23	-4.29	3.26	20.23	358	0.29	-24.77

资料来源：根据三亚旅游官方政务网数据整理。

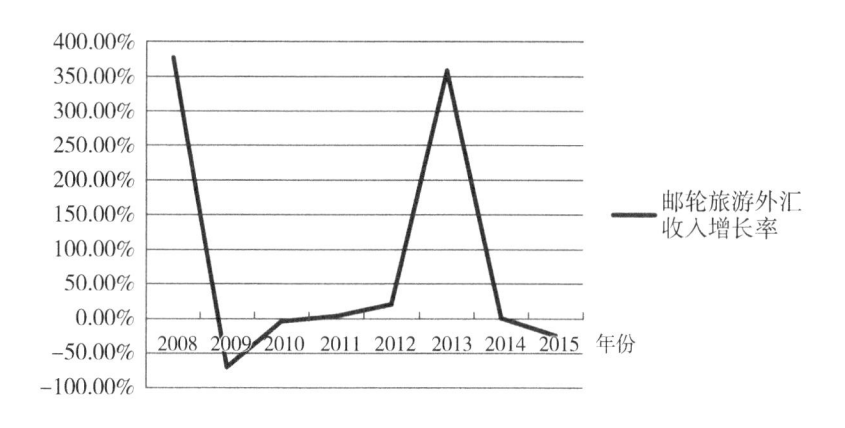

图 4-1　邮轮旅游外汇收入增长率

资料来源：根据三亚旅游官方政务网数据整理。

从表 4-1 和图 4-1 可以看出，海南邮轮旅游在 2008 年有一个较高的增长速度，因受 2008 年金融危机的影响，2009 年、2010 年、2011 年有所回落，2012 年开始实现井喷式增长，2013 年继续保持较高的增长速度，2015 年因海南外国游客主要客源地俄罗斯的经济出现衰退，入境游客数量减少引致邮轮旅游外汇收入出现下降趋势。

4.2 邮轮母港的经济效应研究

4.2.1 邮轮母港对区域经济的发展极效应

邮轮母港带动区域经济的发展模式主要表现为利用发展极的传导效应波及整个极化区域，从而形成以母港为核心的区域增长点，最终推动母港区域经济圈的崛起。法国经济学家弗朗索瓦·佩鲁（1955）首次提出发展极理论，指出由于某些具有创新能力的企业或行业聚集在一些地区或大城市，形成资本和技术高度集中、产生规模经济效益、形成自身迅速增长并能对邻近地区产生强大辐射作用的"发展极"。佩鲁把这类产业关联性很强、主导部门集中、优先增长的地区称为"发展极"。本研究运用"发展极"理论分析邮轮母港区域发展，发展极的作用机理表现为邮轮母港发展产生的极化效应、扩散效应和乘数效应。极化效应，即围绕极点产生的效应，首先，邮轮主导产业和邮轮服务区的建设，会对周边地区产生巨大的吸引力和向心力，会吸引周围地区大量的原材料、农业产品、劳动力等汇聚到极点；其次，邮轮母港的建设和开发将吸引区域内外的资金、技术、人才及服务业建设项目涌入港口区域。两种形态的吸引汇聚成巨额外部投资，推动母港极点的经济实力和人口规模迅速扩大。在资本运动规律的作用下，要素流动趋向于能够产生更高价值和更高效率的地区，外在表象为规模经济和集聚经济，这是经济活动和要素本身的趋利性决定的。规模经济可以帮助企业节约单位成本、提高生产效率，而集聚经济可以为区域内的各个企业实现成本节约等经济效应。要素的集聚引发乘数效应，促进母港所在城市的经济不断扩张，强化了规模经济和集聚经济，形成发展极。发展极通过人才、资金、产品、信息等的流动，将经济发展成果和创新机制扩散到周边区域，同时，在更大范围内促进与母港发展相关的金融、保险、管理、贸易、信息等服务行业的发展，从而形成扩散效应。

第4章 邮轮产业对海南区域经济发展的影响研究

4.2.2 邮轮母港的投资乘数效应

邮轮旅游是综合性很强的服务性行业，邮轮母港的投资对其他行业具有极强的带动作用，这种性质决定了其具有较大的投资乘数效应。投资乘数效应的大小还与行业关联程度相关，如邮轮母港的发展与许多行业产生关联，从产业经济学的角度来看，邮轮母港产业关联分为前向关联与后向关联。母港的前向关联产业涉及港口建筑业、设备装配业等；母港的后向关联产业涉及港口服务业、交通运输业、旅游观光业、商贸服务业、船舶维修业等。邮轮母港在建设过程中将带动邮轮公司入驻、促进装备制造业发展、提升港口服务区功能等效应；同时，邮轮抵达码头的补给、维修与保养等关联的产业发展加强了投资效应。

4.2.3 邮轮母港区域的产业与空间结构重组效应

区域产业结构和空间结构是区域结构的两个方面，两者相互影响，产业空间经过"再城市化"影响区域空间结构重组，邮轮母港的建设影响了区域的产业结构布局，邮轮母港成为港口城市的等级体系及区域规划的一种新型功能区。在母港周边区域将形成以母港为核心的邮轮服务区，即与邮轮产业关联的若干产业形成的地理上相对集中的扇形区域，区域内的产业形成簇群，簇群经济的形成有利于实现人才、信息及基础设施共享。邮轮产业通过建设邮轮相关设施及服务网络，形成规模化的服务业体系，利用母港的区域比较优势形成特色产业簇群，从而奠定区域空间结构优化的基础。通过培育特色产业簇群推动邮轮母港区域空间结构优化，通过空间结构优化进一步推动特色产业簇群发展，如此良性循环能够迅速提升邮轮产业竞争力，提升邮轮服务业质量，提高母港所在地邮轮公司的数量及能级，增加邮轮航线密度，吸引更多游客到港。

综上所述，邮轮母港对区域经济的带动效应可以表述为，依托邮轮母港发展的相关产业将为周边区域创造出巨额产值及财富，并通过增长极的传导效应带动整个极化区域的发展，从而促进邮轮产业链的形成；邮轮母港的投资将对其他行业产生极强的带动作用，邮轮旅游的发展可使当地服务业获得可观的经济效益，促使邮轮相关行业企业扩大再生产，增加当地就业机会，带动居民收入的提高，完成投资效应的传导；母港的建设进一步影响了区域产业结构布局，如培育特色产业簇群可以实现母港区域空间结构优化，空间结构优化可以进一步促进特色产业簇群的形成，最终实现邮轮母港区域经济圈的崛起。邮轮母港对区域经济的带动效应机理如图4-2所示。

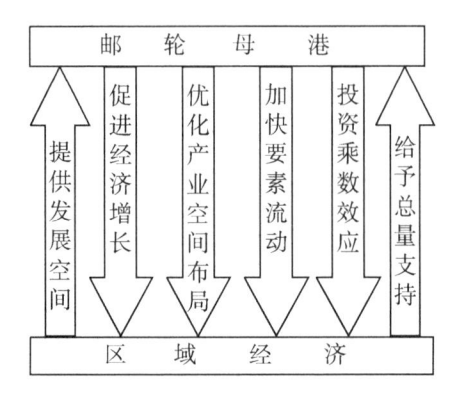

图4-2 邮轮母港对区域经济的带动效应机理

4.3 三亚国际邮轮母港对区域经济的带动效应

三亚地处南海的前沿阵地，北上直达中国的港澳台地区及日本，南下直达南中国海、东南亚和印度洋，可作为国际环球邮轮东南亚地区的中转站和航运补给站，三亚建设国际邮轮母港的区位优势非常突出。

4.3.1 三亚国际邮轮母港对区域经济的影响

（1）创造新的经济发展极。随着"一带一路"倡议圈定海口、三亚作为重点建设的港口城市，三亚凤凰岛国际邮轮母港将会成为海南新的经济增长极，海南南部将形成以凤凰岛国际邮轮港口为核心的邮轮经济区。凤凰岛国际邮轮母港位于三亚湾，紧邻三亚市中心，从港口进入国际邮轮主航道不到一小时，凤凰岛邮轮母港新码头建成后可同时停靠5~7艘邮轮，可停靠全球最大的22.5万吨级邮轮，成为亚洲最大的邮轮母港之一，预测年吞吐量将达 200 万人次, 直接或间接拉动 GDP 100 亿元以上。根据近年邮轮港口吨位、入境国际邮轮游客数量及邮轮旅游总收入数据整理得到表 4-2。

表 4-2　三亚邮轮旅游收入表

年份 项目	2009	2010	2011	2012	2013	2014	2015
国内外邮轮游客（人）	15323	14622	15274	18422	158039	155965	78808
邮轮母港吨位（万吨）	8	8	8	8	8	23	23
邮轮旅游收入（万美元）	270.11	258.53	266.97	320.98	2592.04	2290.6	1496.19

资料来源：三亚旅游官方政务网。

表 4-2 显示, 邮轮母港靠泊吨位的增加将会带动游客数量和旅游收入的增加。邮轮经济发展模式为兴建港口和相关设施以便邮轮停靠, 邮轮母港的建成对其所在区域的经济将形成强大的推动力, 邮轮经济通过直接和间接经济效应带动区域经济发展。直接经济效应包括到访邮轮公司将会在凤凰岛邮轮母港及周边地区购买产品和服务, 每艘大型邮轮的抵达都会带来数千乘客在三亚旅游消费、邮轮补给消费、邮轮维护与修理服务消费等。间接经济效应是指邮轮公司为其乘客购买产品和服务所需联系的企业, 这类企业的生产经营活动通过产业关联一环一环地传递下去, 如此将带动邮轮母港相关服务业的增长, 带动邮轮产业的快速发展, 创造更多的就业机会, 增加当地旅游业产值和地方税收等。

（2）打造新的区域经济空间结构。由于功能分区和多中心结构的特点, 三亚空间结构表现为多个同心圆模式, 各功能区围绕市中心或旅游热点区域以环形或扇形分布, 不同用途的土地围绕各个核心区规则以圈层形式向外延展, 商务区、旅游区与居住区相互配置, 形成同心圆构造模式。三亚凤凰岛由人工填海而成, 面积 548 亩, 通过跨海大桥将人工岛和三亚市连接起来, 凤凰岛距离三亚市中心 1000 米左右。凤凰岛邮轮母港周边配套服务包括七星级及超五星级酒店、国际养生度假中心、商务会所、奥运主题公园、国际游艇会所及海上风情餐饮商业街等。港口周边区域会形成以港口为核心的邮轮服务区，这不仅会带来三亚周边区域产业结构的变化，而且会带来全方位的消费结构升级。

（3）邮轮母港产生的空间近邻效应。邮轮母港周边会产生一系列与港口经济发展相关的效应，港口的建设总是能够使近邻区域获得经济发展，这种区域发展同时也遵循距离衰减原理，邮轮产业的经济带动效应随着空间距离的增大而递减。距离邮轮母港最近的周边区域首先会自发形成与邮轮产业相关的服务区，邮轮的到访和出发，均会带来大量的境内外人流、物流的集聚，邮轮客源的增加会带动邮轮产业区域空间第一圈层的迅速发展，第一圈层主要集中的是邮轮服务业，因其最为靠近母港区域而获得最大的经济驱动力。随着邮轮产业区域空间的拓展，与邮轮产业发展相关的邮轮运营管理会形成第二圈层。目前三亚邮轮运营产业基础较为薄弱，因此可与国际知名运营公司合资合作成立本土邮轮运营管理企业，进而形成总部经济运营模式。邮轮产业链向上延伸是邮轮制造业，其应是邮轮母港第三圈层空间近邻效应的构成要素。但目前海南省既无邮轮制造工艺和技术方面的基础，又不具备进入邮轮上游产业链的条件，因此第三圈层的空间近邻效应尚未形成。

4.3.2 三亚国际邮轮母港带动区域经济发展的实现路径

（1）优化母港发展条件，实现邮轮产业规模效应。邮轮港区功能和设施的完善将会促进港口直接相关产业的发展及规模的扩大，即以邮轮海洋度假旅游为重点产业带动关联产业发展。港口发展形成的空间近邻效应将带动第一层级间接相关产业的发展，之后通过产业规模的扩大形成第二层级规模效应，这个效应的自循环将会带动整个城市和区域经济的发展。三亚凤凰岛国际邮轮母港对区域经济发展的带动作用可以通过产业结构布局及服务业延伸来完成。在产业结构布局方面，三亚要准确定位"国际邮轮城"的配套功能及精确设计发展战略，对"邮轮城"的规划和功能片区的建设应分阶段、有重点地进行。现阶段可以将工作重点置于邮轮港口服务区的培育，服务区主要囊括了特色餐饮、休闲娱乐、免税商贸及邮轮维护

第4章 邮轮产业对海南区域经济发展的影响研究

修理等岸上业务;吸纳大型邮轮公司的区域性总部入驻,培育总部经济,开拓邮轮要素市场。下一阶段应进一步完善邮轮经济区的产业结构,包括发展康养产业、金融商业、酒店建设运营、旅游文化演艺、房车度假及其他邮轮延伸业务等,最终形成以邮轮服务区为核心的产业规模效应,进而带动区域经济发展。

(2) 构建南海邮轮经济圈,促进区域经济发展。邮轮经济圈作为一个较大的海洋旅游经济区概念,是在一个特定的海洋经济区域内因邮轮航线、邮轮母港及邮轮客源市场联结而成的海洋产业配置圈。邮轮经济圈的建立无异于将海上丝绸之路航线区域通过邮轮产业关联成一种全新的区域空间组织。建立南海邮轮经济圈,具体可以通过建立适合南海邮轮产业发展的共同市场,成立促进南海邮轮旅游发展的合作组织,整合环南海各种邮轮发展资源,比如建立一个海上丝绸之路邮轮旅游发展联盟,形成有效的邮轮区域旅游合作机制,在东盟自由贸易区的基础上建立区域跨国联盟,如成立"南海邮轮经济共同体""亚洲邮轮联盟"等长期合作机制,出台各国共同遵守的邮轮行业法律法规,协调各国相关政策。在建设21世纪新海上丝绸之路的背景下,海南可以积极开辟海上丝绸之路新航线,形成以三亚凤凰岛邮轮母港为核心的一程多站式环南海跨国邮轮航线、东盟10国邮轮停靠航线,解决外籍邮轮在华经营的政策瓶颈,同时发展海南本土邮轮船队,推动南海航线、丝绸之路航线的开通,构建南海邮轮经济圈。

(3) 发展循环经济,增强可持续发展能力。循环经济将依赖资源耗费的传统线性增长模式,转变为可利用生态资源循环发展的经济模式。邮轮循环经济具体可以通过企业、区域和制度三个层面的建设实现经济和环境的可持续发展:首先是企业层面,邮轮制造业企业在生产时应重点关注邮轮的减震降噪,减少邮轮航行过程中产生的噪声污染;邮轮运营企业则通过废水处理和海运卫生装置对邮轮航行中产生的固体、液体废物减量化、再利用和再循环,从而减少废弃物对海洋生态环境的影响。其次是港口区域层面,通过集成港口区域间的人流、物流和资金流,推动临港邮轮产业区与核心商务区等经济区域之间的物质流和能量流的跨区域循环利用,形成邮轮母港、母港直接产业、母港关联产业与母港派生产业整合发展模式，构建临港经济区域与邻近区域协同发展的循环经济产业体系，进而推动整个港口区域要素之间的能量代谢和共生关系的形成。最后是制度层面，有关部门应制定完善邮轮港口环保制度、海上防污标准、港区海洋生物资源保护条例及港区海洋生态修复及建设规划等，发展绿色生态邮轮经济，实现生态环保和经济增长协同发展，构建蓝色生态经济区。利用循环经济实现物质循环利用，减少邮轮产业链运行过程中产生的废物，延长生产技术链，促进新型产业的发展，保护生态环境，最终增强区域经济的可持续发展能力。

4.4 结语

当一个国家或地区的人均 GDP 达到 6000 美元后，注定会对邮轮旅游产生巨大需求，在中国提出建设"新海上丝绸之路"的背景下，海南国际旅游岛充分利用地缘优势，积极发展以邮轮为核心的海洋旅游，加强与东南亚诸国的互联互通，推动建设中国—东盟海洋旅游经济圈。近年来，我国沿海城市的地方政府已开始致力于建设邮轮经济区，旨在培育新的经济增长点以带动地方经济发展，增强区域竞争力。海南省地处泛珠三角、东盟经济圈、太平洋经济圈的战略要地，海岛南部的三亚市扼南海海上交通要道，向北连接东北亚邮轮旅游圈、海峡旅游圈；向南连接东南亚、南亚邮轮旅游圈。新海上丝绸之路的开辟可使三亚邮轮母港进一步辐射至加勒比海邮轮圈、北非邮轮港口等地，优越的区位优势将会推动三亚发展高端邮轮产业及其相关产业链。三亚国际邮轮母港的建设将助推邮轮经济成为新的经济增长极，与邮轮母港建设和邮轮旅游相关的产业会实现重组，母港周边的邮轮服务业将会出现功能分区，进而推动当地产业结构优化升级、生产要素聚集，形成与邮轮旅游经济相关的产业规模效益。

第5章 海南邮轮产业对区域经济发展产生影响的计量分析

5.1 海南邮轮产业对区域经济发展贡献的实证分析

2008—2015年，海南邮轮产业总产值保持了较快的增长趋势，从2009年的270.11万美元增加到2015年的1496.19万美元，增长了4.53倍，年均增长26.54%。从增长速度上来看，海南邮轮经济的年均增长速度（33%）远远高于地区经济的年均增长速度（10%）。从占比上分析，虽然海南邮轮产业总产值占全省GDP的比重不大，但该比重近年来一直呈上升趋势，到2015年已经达到4.8%，这说明邮轮产业对全省经济发展的贡献作用在逐步提升。为定量分析海南邮轮产业对区域经济发展的贡献率，本研究建立如下公式：

$$L = H/G \times 100\% \tag{1}$$

其中，H为当年邮轮产业的总产值，G为当年区域经济水平，即区域GDP，L为邮轮产业对区域经济的发展贡献率。

根据公式（1）计算出2008—2015年海南邮轮产业对全省经济发展和沿海城市经济发展的贡献率，结果如表5-1所示。

由表5-1可见，邮轮产业对GDP贡献率最低的年份出现在2011年，只有1.64%，最高年份出现在2013年，同年三亚凤凰岛邮轮母港二期工程启动，此时海南邮轮产业出现井喷式增长，其对区域经济的贡献率一度高达13.3%，海南邮轮产业对区域经济发展的促进作用十分明显。2015年因受海南邮轮国外客源地经济衰退及国内竞争港口上海邮轮港的影响，邮轮产业对区域经济的贡献率（6.33%）有所下降。

表 5－1　邮轮产业对区域经济发展的贡献率

年份 项目	2008	2009	2010	2011	2012	2013	2014	2015
海南省 GDP（亿元）	1503.06	1654.21	2052.12	2515.29	2855.54	3146.46	3500.72	3702.8
海南邮轮产业产值（亿元）	139.73	39.54	38.19	41.33	50.84	418.53	368.47	234.27
邮轮产业对全省 GDP 的贡献率（%）	9.29	2.39	1.86	1.64	1.78	13.3	10.53	6.33

资料来源：根据历年海南省统计年鉴整理计算得出。

5.2　海南邮轮产业促进区域经济的计量分析

上述研究发现海南邮轮产业与地区经济发展之间存在高度的正相关关系，海南省邮轮产业发展究竟在多大程度上推动了全省地区经济的增长？根据 2008—2015 年海南省邮轮产业产值（X）与全省地区经济（GDP）的数据绘制出散点图，见图 5－1。

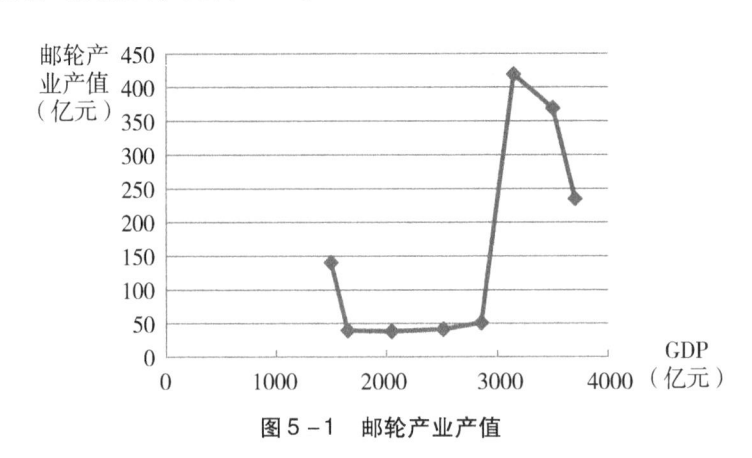

图 5－1　邮轮产业产值

第5章 海南邮轮产业对区域经济发展产生影响的计量分析

从图5-1可以看出,海南省GDP和邮轮产业之间存在相关关系。本章拟用线性函数进行分析,建立回归模型的形式如下:

$$GDP = a + bX + \varepsilon \qquad (2)$$

其中,a、b均为待估参数。

即海南邮轮产业总产值X增加1%时,地区经济(GDP)将增长b个单位。按照经济理论解释,b应为正值。利用Eviews软件对(2)式进行OLS回归分析,得到:

Dependent Variable: GDP				
Method: Least Squares				
Date: 2007/02/16 Time: 10: 55				
Sample: 2008 2015				
Included observations: 8				
Variable	Coefficient	Std. Error	t-Statistic	Prob.
C	2038.067	360.8454	5.648033	0.0013
CHANZHI	3.475592	1.628765	2.133882	0.0768
R-squared	0.431466	Mean dependent var	2616.275	
Adjusted R-squared	0.336710	S. D. dependent var	827.5963	
S. E. of regression	674.0160	Akaike info criterion	16.07670	
Sum squared resid	2725786.	Schwarz criterion	16.09656	
Log likelihood	-62.30681	Hannan-Quinn criter.	15.94275	
F-statistic	4.553454	Durbin-Watson stat	0.884339	
Prob (F-statistic)	0.076796			

由以上数据分析可以得到海南邮轮产业总产值(X)与全省地区经济(GDP)的回归模型(3)。

$$GDP = 2038.067 + 3.475592X \qquad (3)$$

$$R^2 = 0.431466 \qquad \text{Adj}R^2 = 0.336710$$

$$DW = 0.884339 \qquad F = 4.553454$$

从回归系数上看,海南省邮轮产业与全省地区经济存在正相关的关系,因此,模型中回归系数为正值($b = 3.475592$)。从回归效果上看,

$R^2 = 0.431466$，说明模型的拟合优度一般，模型拟合一般，误差存在；由于模型的观测个数 $n = 8$，解释变量个数 $k = 1$，取显著性水平 $\alpha = 0.05$，查表可知 D.W. 的临界点为 dl = 0.7631，du = 1.3320，而 D.W. = 0.884339，落在 dl = 0.7631 和 du = 1.3320 之间，说明该模型不存在一阶自相关性；通过偏自相关系数检验可以得出，海南省邮轮产业与区域经济的回归方程不存在高阶自相关性。简言之，回归模型（3）通过了各种统计检验和计量经济检验。

基于以上计量分析结果，可以得到如下结论：海南省邮轮产业总产值对地区经济增长有显著的促进作用，其参数具有统计上的显著性。同时，回归系数说明海南省邮轮产业每增长1%，海南省GDP将增长3.475592亿元。

5.3 邮轮经济推动力效应的动态分析

静态推动效应反映的是邮轮产业产值变量自身的增长对当年旅游业产值增长所产生的贡献。事实上，邮轮产业是牵涉领域极广、关联性很强、具有很大带动潜力的产业。为了从数量上分析邮轮产业产值变量对经济增长产生的全面动态的推动作用，本节引入邮轮产业推动力系数 M。邮轮产业推动力系数指的是随着邮轮产业总产值增减1个单位，带动旅游业GDP增减的百分数，它是检验邮轮产业总产值对旅游业GDP推动力大小的动态指标。模型的建立和邮轮产业推动力系数的引入需设定一个假设前提，即其他影响变量保持不变。将海南邮轮产业总产值的增长率 CX 作为影响的自变量，海南省旅游业GDP的增长率 $TGDP$ 作为因变量，CX 对 $TGDP$ 的邮轮产业推动力模型可以由表5–3反映。邮轮产业对区域经济发展的贡献率可以用以下线性回归方程表示：

$$TGDPi = a + bCXi + \varepsilon i \tag{4}$$

其中，回归系数 b 就是所求的邮轮产业推动力系数 M，它表明海南邮轮产业总产值每增长1%，将推动地区GDP增长 $100b\%$。用Eviews软件进行回归分析，得到如下结果。

第5章 海南邮轮产业对区域经济发展产生影响的计量分析

Dependent Variable: LVYOU				
Method: Least Squares				
Date: 2007/02/16 Time: 10: 18				
Sample: 2008 2015				
Included observations: 8				
Variable	Coefficient	Std. Error	t - Statistic	Prob.
C	16.52885	2.297825	7.193259	0.0004
CHANZHI	0.004153	0.012354	0.336192	0.7482
R - squared	0.018489	Mean dependent var	16.85857	
Adjusted R - squared	-0.145096	S. D. dependent var	5.492515	
S. E. of regression	5.877494	Akaike info criterion	6.592456	
Sum squared resid	207.2696	Schwarz criterion	6.612316	
Log likelihood	-24.36982	Hannan - Quinn criter.	6.458506	
F - statistic	0.113025	Durbin - Watson stat	1.641499	
Prob (F - statistic)	0.748172			

$$TGDP_i = 16.52885 + 0.004153 CX_i \tag{5}$$

$R^2 = 0.018489$ $AdjR^2 = -0.145096$ $DW = 1.641499$ $F = 0.113025$

运用该模型分析可以看出，海南邮轮产业总产值对全省GDP的推动力系数 T 是0.004153，说明海南邮轮产业总产值每增长1%，将推动旅游业GDP增长0.4153%。

第6章 邮轮产业与区域经济发展耦合协调度实证分析

6.1 引言

邮轮产业是中国海洋战略提出以来最具发展潜力的产业之一，其对区域经济发展的带动作用日益凸显。众所周知，邮轮产业与区域经济发展相辅相成，区域经济为邮轮产业发展提供了基础和前提，邮轮产业的发展在推进区域经济增长、促进产业结构优化升级、拉动就业、增加外汇收入和吸引投资等方面起到了重要作用。从供给方面来看，发达的区域经济能够为邮轮产业发展所需的基础设施及服务设施建设提供充足的资金支持；从需求方面来看，区域经济的发展能够带动居民可支配收入的增长，当人均收入超过 6000 美元时必然对邮轮旅游产生巨大需求。因此，研究地区邮轮产业与区域经济发展的互动关系极具研究价值和现实意义。

现阶段，国内外学者多采用耦合协调度模型方法研究产业与区域经济发展的协整关系及协调程度。如陈纯基等学者首先运用耦合协调度模型研究房地产行业与区域经济发展的关系，得出大中城市房地产行业与区域经济尚未实现协调发展的结论。卢志滨、谢守红等学者运用耦合模型分别研究了区域物流系统、长三角物流业与区域经济的协调发展程度，认为物流发展水平与区域经济发展协调度呈现显著的空间集聚性特征，物流产业与区域经济存在相互制约、相互协调的关系。苑清敏、吕荣胜、崔巍平等学者分别从战略性新兴产业与传统产业、节能产业与生态系统、地区要素支撑能力与区域经济增长的协调发展程度进行评价。董亚娟、马耀峰以西安市为例，分析了西安市入境游与区域旅游环境的耦合协调度。王少剑、方创琳等运用耦合协调度模型研究了京津冀地区城市化与生态环境之间的关系，认为城市化子系统与生态环境子系统3种不同贡献份额所得出的耦合协调度的变化趋势一致。在旅游产业与区域经济发展领域，Lee 和 Khan 等利用协整模型研究得出旅游业和区域经济之间存在均衡关系的结论，但 Ohco 基于该模型却得出了相反的结论。生延超、胡凤英、丁红梅、余洁等学者采用协整模型或耦合模型分别研究了湖南省、广西壮族自治区、黄山市、山东省等不同地域旅游产业与区域经济发展之间的协调程度，得出两者之间存在良性互动关系的结论。

针对区域物流业、房地产业及旅游产业与区域经济发展的耦合协调度研究日渐成熟，但对于邮轮产业与区域经济协调发展关系的研究仍为空白，目前的研究多集中在某一地区或某一时间点内某一产业与区域经济的协调程度，从时间序列的角度进行较长时段的研究很少。因此，本研究利用耦合协调度模型，对2008—2016年三亚市邮轮产业与区域经济发展的数据进行量化分析，从时间及空间维度深入探索邮轮产业与三亚区域经济发展的互动效应，为促进三亚邮轮产业与区域经济的协同发展提供决策参考。本研究通过理论与实证分析，得出的分析结果与研究结论对于将邮轮产业作为重点产业带动区域经济发展的沿海省份及港口城市均有借鉴意义，同时对国内有关邮轮产业与区域经济关系的定量研究做了有益的补充。

6.2 邮轮产业与区域经济协调水平模型的构建

邮轮产业能够在一定程度上促进区域经济发展，而区域经济发展又为邮轮产业的发展奠定了基础，两者相辅相成。邮轮产业与区域经济协调发展的过程就是两者在相同的时间和空间内相互协调关联的过程，这个过程表现为邮轮产业系统在不断地发展演变过程中作用于区域经济系统，同时区域经济系统也在不断反作用于邮轮产业系统。邮轮产业系统和区域经济系统相互协调促进的过程，正是物理学意义上的耦合协调过程。本研究借鉴物理学中的耦合度概念来构建耦合协调度模型,对邮轮产业与区域经济的耦合协调发展情况进行测度。

6.2.1 指标体系构建及权重确定

鉴于邮轮产业的良好运行涉及区域经济发展的多个部门,研究将依据数据的相关性、合理性和可获得性等原则,选取多个指标进行综合评价。基于目前三亚市邮轮产业只涉及产业链下游部分,即邮轮旅游及邮轮服务业,研究将分别采用定性分析法和专家咨询法构建两个系统耦合协调度的指标体系及设定各指标的权重。具体指标见表6-1,所有数据来源于2006—2016年三亚市旅游官方政务网及《三亚市统计年鉴》。

表6-1 邮轮产业与区域经济耦合协调度指标体系及权重

系统	评价指标	权重
邮轮产业系统	国内邮轮旅游收入	0.1268
	邮轮旅游外汇收入	0.1436
	国内邮轮游客人次	0.1124
	入境邮轮游客人次	0.1334
	星级酒店数	0.1228
	旅行社数	0.1297
	邮轮母港规模	0.1392
	A级景区数	0.0921
区域经济系统	GDP	0.1401
	人均GDP	0.1926
	服务业产值	0.1884
	财政收入	0.1461
	人均可支配收入	0.1953
	交通运力	0.1375

6.2.2 协调水平模型的构建

为了描述邮轮产业和区域经济之间及两个系统内部要素的协调程度,

第6章 邮轮产业与区域经济发展耦合协调度实证分析

我们借用物理学中的耦合系数模型，建立多个子系统相互作用的耦合协调度模型，将耦合度和协调度集成在一起成为耦合协调度，通过模型分析其动态演变及耦合程度，耦合协调度计算模型如下：

$$TM = \left[\frac{P(x) \times Q(y)}{\left(\frac{P(x) \times Q(y)}{2}\right)^2}\right]^n$$

$$P(x) = \sum_{i=1}^{n} \alpha_i x_i \quad Q(y) = \sum_{j=1}^{m} \beta_j y_j$$

TM 为两个系统的耦合协调度模型，$P(x)$ 为描述邮轮产业系统的函数，$Q(y)$ 为描述区域经济系统的函数，$P(x)$ 和 $Q(y)$ 数值利用线性加权法经过测算得出。x_i 和 y_j 采用无量纲化方式处理，x_i 代表邮轮产业子系统中的 8 项指标，y_j 代表区域经济子系统中的 6 项指标。α_i 和 β_i 分别代表权重，$\sum_{i=1}^{n} \alpha_i = 1$，$\sum_{j=1}^{m} \beta_j = 1$，研究采用熵值赋权法计算各个指标的权重，$n$ 为协调系数（$n \geq 2$），在此取 $n = 2$，各指标权重的计算结果见表 6-1。

$$LM(x, y) = \sqrt{TM \times W}$$

$$W = \alpha P(x) + \beta Q(y)$$

其中，W 成为 x 和 y 的因变量，其作为评价指标用来描述邮轮产业与区域经济协调发展的程度。LM 为耦合协调系数，TM 为耦合度，α、β 为与自变量相关的随机参数。区域经济的发展取决于多个要素的协同作用，邮轮产业只是驱动区域经济发展的变量之一，借鉴已有学者的研究成果，本书将 α 赋值 0.38，β 赋值 0.62。依据邮轮产业子系统函数 $P(x)$ 和区域经济子系统函数 $Q(y)$ 的对比关系，按照耦合协调度大小，运用均匀函数分布法将其划分为 10 个级别，10 个级别归属三个发展层次。其中 TM 取值范围为：$TM \in [0, 1]$，第一层次取值范围为：$T_1 \in [0, 0.3]$，确定 T_1 为渗透协调层，此时邮轮产业刚刚起步，产业对区域经济发展的带动作用较小；第二层次取值范围为：$T_2 \in [0.31, 0.6]$，确定 T_2 为优化协调层，此时邮轮产业初具规模，与区域经济发展的互动作用开始显现；第三层次取值范围为：$T_3 \in [0.61, 1]$，确定 T_3 为融合协调层，此时邮轮产业与区域经济发展全面融合,邮轮产业链关联产业与区域经济发展的互动作用十分显著。具体分类见表6-2。

表6-2 邮轮产业与区域经济协调发展的分层标准

协调发展层次	协调度 TM	协调类别	协调发展层次	协调度 TM	协调类别
渗透协调层	0~0.10	极度失调	优化协调层	0.51~0.60	勉强协调
	0.11~0.20	重度失调		0.61~0.70	初步协调
	0.21~0.30	重度失调		0.71~0.80	中等协调
优化协调层	0.31~0.40	轻度失调	融合协调层	0.81~0.90	良好协调
	0.41~0.50	濒临失调		0.91~1.00	优等协调

6.3 邮轮产业与区域经济耦合协调水平分析

6.3.1 三亚市邮轮产业与区域经济发展水平

根据上述耦合协调模型计算2008—2016年三亚市邮轮产业与区域经济的协调发展水平,计算结果如表6-3所示。

表6-3 三亚市邮轮产业与区域经济发展水平及耦合协调度的划分

年份	$P(x)$	$Q(y)$	TM	LM	协调类别
2008	0.417	0.387	0.494	0.466	濒临失调
2009	0.201	0.347	0.500	0.378	轻度失调
2010	0.089	0.106	0.492	0.287	重度失调
2011	0.365	0.432	0.496	0.478	濒临失调
2012	0.699	0.688	0.501	0.597	勉强协调
2013	0.952	0.963	0.561	0.684	初级协调
2014	0.787	0.843	0.552	0.651	初级协调
2015	0.688	0.702	0.498	0.586	勉强协调
2016	0.815	0.769	0.511	0.601	初级协调

运用上述耦合协调度模型分析三亚市邮轮产业与区域经济发展协调状况,得出2008—2016年三亚市邮轮产业与区域经济发展协调度在上下波动

中逐渐提升，总体发展情况良好。2008—2011年处于失调状态，2012—2016年处于协调状态，目前两系统仅处于初级协调状态。自2006年海南省三亚市建成中国第一个邮轮专用码头以来，出入境的邮轮游客数量逐年增加。从三亚市邮轮产业发展情况来看，2008年三亚邮轮业对海南省GDP的贡献率达到9.2%。2009—2010年受全球金融危机的影响，出入境邮轮游客数量较2008年大幅回落。2010年出入境邮轮游客数量最少，邮轮行业相关收益随之减少，邮轮产业对海南省GDP的贡献率跌至1.86%，当年邮轮产业与区域经济发展水平协调度降至重度失调。2011年开始出入境邮轮游客数量逐步增加，2013年达历史最高，邮轮及其相关产业的收益随之增加，2013年邮轮产业对海南省GDP的贡献率高达13.3%。2014—2015年因东南亚各国外交政策的影响，环南海邮轮市场受到波及，三亚市出入境邮轮游客数量较2013年出现明显下降，2015年邮轮产业对GDP的贡献率降至6.33%，邮轮产业与区域经济发展的协调程度有所下降。2016年，随着三亚凤凰岛国际邮轮母港二期工程的竣工，到港邮轮航次及吨位增加，邮轮游客数量出现较快增长，邮轮产业与区域经济发展实现初步协调。

三亚邮轮产业的发展较快地带动了区域经济增长。第一，邮轮产业的发展促进了国民生产总值的增加，根据测算，邮轮产业产值每增长1%，将会带动三亚市GDP增长0.452%，邮轮产业的发展促进了区域经济增长。第二，邮轮产业的发展扩充了产业类型。邮轮产业在发展过程中，必定会在邮轮母港邻近区域形成交互关联的产业群，如邮轮制造业、维修业、配件供应业、邮轮相关服务业等。邮轮产业发展促进了区域内参与交易的产业数量及产业间的融合，形成诸如邮轮金融业、邮轮物流业、邮轮商贸服务业等，因而扩大了产业规模，扩充了产业类型。第三，邮轮产业的发展扩大了就业。邮轮产业涉及的产业部门众多，包括邮轮旅游业、邮轮设计制造业、港口物流业、餐饮娱乐业、商贸服务业及金融服务业等。这些产业通常能够吸纳大量的就业人口。邮轮港口为了保证正常运营和旅游业务的开展，需要大量码头工人和港口管理人员；邮轮运营管理公司，通常会在邮轮航线沿线节点城市设立地区总部或办事处，因此需要在当地雇用大量的管理人员和邮轮服务人员；邮轮设计制造和维修方面，船舶制造业会向上延伸至采矿业、冶炼业、金属制品业、橡胶制造业及水上运输业等上、下游产业，刺激各个产业的用工需求，带动当地就业。第四，邮轮旅游业是一个非贸易的外汇获得途径，可以不受贸易保护政策制约，同时节约了交易成本和运输成本，获得外汇收入。出口旅游产品可以避开贸易壁垒，提高创汇能力。邮轮入境游利用旅游服务产品进行对外贸易，入境游客在邮轮母港城市的消费形成外汇流入，邮轮旅游的发展促进了海南岸线旅游资源开发，开拓了海洋旅游市场，吸引了国际资本投入旅游基础设施建设和旅游产品开发项目，满足了邮轮旅游消费的需求，形成了外汇的净流入。第五，邮轮产业的投资对其他行业具有极强的带动作用，这种性质决定了其能够产生较大的投资乘数效应。以邮轮港口为例，邮轮母港在建设过程中将吸引邮轮公司入驻，促进装备制造业发展，提升港口服务区功能等；同时，邮轮抵达码头的补给、维修与保养服务等带动关联产业的发展加强了投资效应。

从区域经济发展角度分析，2015年三亚市的财政收入、人均可支配收入、交通运力等4项指标是2008年的2倍；全市GDP、人均GDP等5项指标接近2008年的3倍，服务业产值、固定资产投资等3项指标是2008年的4倍以上，上述指标的增长为邮轮产业的发展奠定了良好的基础。从2010年开始，在建设国际旅游岛国家战略的指引下，海南出入境游客数量大幅攀升，服务经济的发展迅速提高了居民可支配收入，刺激了邮轮旅游消费，推动了邮轮前后向产业的快速发展。区域经济的发展进一步促进了邮轮旅游基础设施建设和服务功能区的完善。邮轮母港是邮轮旅游产业发展的基础，目前三亚凤凰岛国际邮轮母港二期工程建设已投资10.9亿元，累计投资将超过18亿元。2015年，三亚凤凰岛开始着力建设七星级标准酒店、酒店公寓、产权度假酒店、世界风情商业街、游艇泊位、游艇会所、奥运广场等邮轮服务区设施。邮轮母港配套设施及服务区的完善将会吸引更多国际邮轮公司入驻，将给三亚带来无限的商机。三亚凤凰岛整体项目将成为三亚、海南、中国乃至世界级的标志性建筑之一，邮轮产业必将成为三亚经济强有力的助推器，为城市经济和社会发展做出较大贡献。

第 6 章 邮轮产业与区域经济发展耦合协调度实证分析

以上分析表明，发展邮轮产业能够带动区域经济的发展。在良好政策的驱动下，邮轮游客数量将不断增加，对地方经济的带动效应日渐明显。邮轮产业和区域经济发展互相促进，两个系统内的各个要素处于良性互动阶段。

6.3.2 三亚市邮轮产业与区域经济发展的耦合协调度

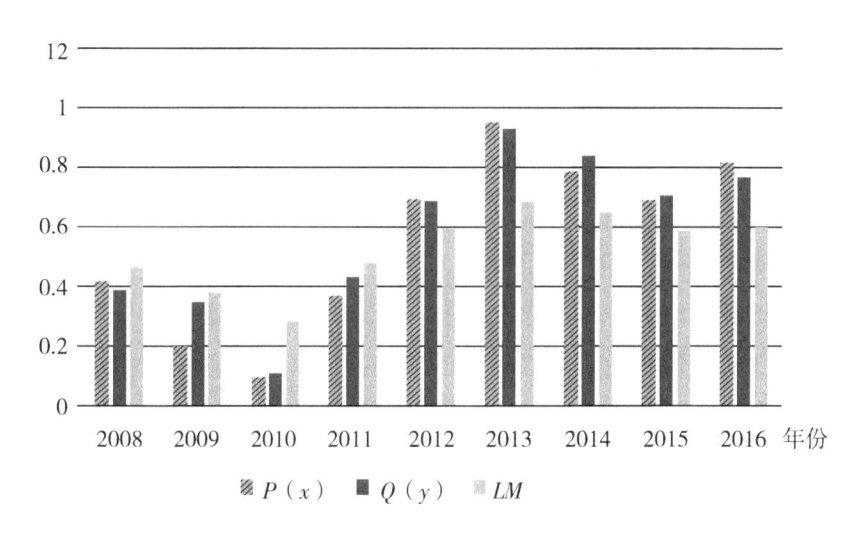

图 6-1 2008—2016 年三亚市邮轮产业与区域经济耦合协调度

图 6-1 所示各年份的柱状图分别表示三亚市邮轮产业和区域经济的发展趋势及两者的耦合协调程度。从表 6-3 中数据可知，2008—2016 年邮轮产业和三亚市区域经济协调发展程度可以划分为两个阶段：第一阶段是 2008—2011 年，邮轮产业和区域经济处于耦合失调阶段；第二阶段是 2012—2016 年，邮轮产业和区域经济处于耦合协调阶段。2008 年三亚接待邮轮数量全国第一，入境邮轮游客数量全国第一，当年 $P(x)$ 大于 $Q(y)$，表明邮轮产业的发展速度快于区域经济的增长速度，其对区域经济的带动作用初显，但受配套基础设施及邮轮服务业的发展制约，两者仍处于濒临失调状态。2009—2011 年 $P(x)$ 小于 $Q(y)$，表明邮轮产业的发展滞后于区域经济发展，对区域经济的带动作用有限。2009 年三亚市 GDP 环比增长 17.2%，2010 年环比增长 20.2%，2011 年环比增长

14.2%，区域经济发展较快；2009—2010年受金融危机的影响，三亚邮轮主要客源国游客数量骤减，导致邮轮产业发展出现负增长，邮轮产业与区域经济发展处于轻度失调至重度失调阶段；2011年开始全球经济复苏，三亚邮轮产业发展回归正增长趋势，但邮轮产业与区域经济发展仍处于濒临失调状况。2012—2013年，邮轮产业与区域经济协调度逐步提高，$P(x)$大于$Q(y)$，表明邮轮产业的发展速度比区域经济的增长速度要快。其中2012年邮轮产业增速达到20.23%，2013年更是达到了358%，这一阶段邮轮产业与区域经济实现初级协调。2014—2015年东南亚国家外交政策变化导致南海邮轮旅游目的港减少，2014年三亚邮轮产业增速只有0.29%，2015年邮轮产业更是出现负增长，2016年邮轮产业产值有所回升，数据显示2014—2015年$P(x)$小于$Q(y)$，2016年$P(x)$大于$Q(y)$。虽然三亚邮轮产业近年来发展较快，邮轮母港基础设施及邮轮服务区配套服务也在不断完善，但邮轮产业发展与区域经济的协调度仍处在初级协调阶段，说明邮轮产业和区域经济协调度仍有提升的空间，需要采取措施优化二者的协调度。

6.4 结论、政策建议与进一步研究展望

6.4.1 结论及政策建议

通过构建耦合协调度模型，本研究选取2008—2016年三亚市邮轮产业与区域经济的相关数据进行分析，结果表明：

（1）邮轮产业与区域经济之间的确存在耦合关系，处于不同时间节点及发展阶段的两者显现出耦合方式及协调状况的不同。邮轮产业与区域经济发展综合评价指数较低时，两个系统均为失调状况，说明此时两系统仅处于自体发展阶段，并未实现相互促进的协调发展状态。随着邮轮产业及区域经济发展水平的提升，两个系统逐渐进入耦合发展模式，逐渐进入互相促进阶段，逐渐从失调转为协调发展状况。

（2）目前，三亚市邮轮产业仍处于初级发展阶段，区域经济发展实现

了较快的增长速度,邮轮产业的发展因受多重因素制约,其发展速度时而超出、时而滞后于区域经济的发展速度,导致两者的耦合协调度偏低且仅处于初级协调阶段。这说明区域经济发展未能带动邮轮产业同步发展,邮轮产业与区域经济的关联度有待提升。这一点对其他大力发展邮轮产业的沿海省份也有启示,即邮轮产业的发展受内外环境的影响较大,涉及外交、产业发展等诸多政策,需要从产业发展、人均可支配收入等角度优化内部环境,拉动内需,实现邮轮产业与区域经济发展的良性互动,提高两者发展的耦合协调度。

(3)邮轮产业对区域经济发展能够产生带动效应,相应地,区域经济发展能够推动邮轮产业快速发展,两个系统密切相关、互相促进。三亚目前拟建成亚洲最大的邮轮母港,作为著名的国际旅游目的地,三亚积极发展邮轮旅游业可以带动邮轮上下游相关产业的发展,进一步推动区域经济发展驶入快车道。

6.4.2 进一步的研究展望

限于目前的数据可获得性及研究方法的限制,本研究还存在一些需要完善之处,主要有两个方面:(1)如何利用目前的研究方法进一步优化选取的评价指标体系,度量邮轮产业与区域经济耦合协调度的相关指标众多,如何更精准地选取评价指标是未来需要进一步推敲的问题。(2)寻找更科学的方法评价邮轮产业与区域经济耦合协调度。探索新的、更加科学、客观的评价邮轮产业对区域经济影响的分析方法,是未来亟待探索的课题。

第7章 基于产业链投入产出表的邮轮经济产业关联度研究

7.1 国内邮轮产业关联度测算

邮轮产业与众多部门及行业相关,产业关联度高且波及效应广。邮轮产业关联效应研究的是各个产业与邮轮产业之间的供给与需求关系。目前,学者们研究产业关联问题时所采用的研究方法主要包括投入产出分析法、灰色关联分析法、回归模型分析法、卫星账户分析法、乘数分析法等。其中,投入产出分析法不仅因综合分析力较强而备受学者们的推崇,而且因分析方法较合理且直观从而在研究中得到广泛应用。投入产出分析法的基本原理就是利用线性方程组表述经济体中各部门之间相互依存的关系。国内外部分学者,如 Chenery 和 Watanabe 等人,李江帆、崔峰、乔玮、宋增文等运用该方法对旅游业、生产性服务业等的产业关联及产业波及效应进行了研究。

近年来,在大力发展海洋经济的战略背景下,我国邮轮产业发展势头迅猛,其对区域经济发展及相关产业的带动作用日益凸显,关于邮轮产业经济效应的研究逐步成为国内外关注的热点问题。目前,关于邮轮产业的研究主要集中在理论推演和定性分析领域,对于邮轮产业关联和波及效应的定量研究较少。鉴于此,本研究拟运用投入产出模型,以邮轮产业发展较快的国家作为研究对象,对邮轮产业的产业关联效应进行研究,力求揭示邮轮产业与相关产业的结构关系及其变动状态,以期为海洋产业政策的制定及区域经济发展提供参考。

第7章 基于产业链投入产出表的邮轮经济产业关联度研究

7.1.1 研究设计

本研究主要是基于产业关联理论对邮轮产业的关联效应进行研究。产业关联理论又称投入产出理论，作为产业经济学的基础理论之一，该理论研究的是国民经济各部门在经济技术层面所产生的相关关系，即一个产业部门生产正常运行的前提是其他产业部门能够为其提供要素支持，而这个产业的产出又作为生产要素重新提供给其他部门，这样的过程周而复始，从而保障了国民经济各部门的正常运转。产业关联理论最重要的研究方法之一是投入产出分析法，该方法利用线性代数及矩阵运算方法对投入产出表中的数据进行定量数学分析，通过数据的量化能够测度经济系统各部门之间的"投入"与"产出"的定量关系。由于邮轮产业与国民经济众多部门之间存在密切而复杂的联系，一般的量化方法无法准确分析产业间的关联关系，因而采用投入产出分析法对产业间的关联关系进行研究，即利用投入产出表对邮轮产业与关联产业间所发生的投入、分配和交换关系进行定量分析。通过分析，能够详细地说明邮轮产业与其上下游关联产业所发生的投入产出关系，能够将各个行业之间的联系用具体的数字表述出来，能够揭示出生产过程中各个产业部门之间的相互投入和相互损耗。

由于投入产出表每逢"2"和"7"的年份编制一次，投入产出延长表每逢"0"和"5"的年份编制一次，因而本研究所使用的研究数据最近的年份为2012年。本研究以全国的数据为例，利用投入产出表对邮轮产业及其密切关联产业的关联度进行定量研究，数据来源于国家统计局编制的《2007年投入产出表》和《2012年投入产出表》，一共涉及国民经济42个部门。从产业链的角度来看，邮轮产业与上下游产业的关联度均不同，并且存在很大差别。研究利用2007年和2012年的投入产出表数据，分别测算了邮轮产业的产业关联指标，进而分析了邮轮产业关联指标及产业关联变化情况，文中相关矩阵通过Excel软件计算得出。

7.1.2 邮轮产业与前向产业的关联度测算

现代邮轮产业涵盖邮轮建造业、邮轮营运业、邮轮商贸服务业、邮轮航运服务业及观光休闲业等生产环节与服务环节，是一个多产业交叉的边缘产业。邮轮产业链纵向上可划分为上游的邮轮建造业、中游的邮轮营运业和下游的港口、金融、旅游商贸服务业等链环，邮轮产业的发展将推动与之相关的产业形成一条承上启下的产业链。通过研究产业关联及波及效应，能够更好地分析邮轮产业内部价值增值过程，阐释邮轮经济与各产业之间的相关关系。邮轮经济效应的形成源于产业关联带来的价值增值在产业链环间及经济区域内的扩散，邮轮上下游产业链形成纽带关系，各环节的价值增值活动推动产业整体向前发展。产业关联度可以划分为直接关联度和完全关联度，直接关联度反映的是某一产业与相关产业的直接供给与需求关系的技术经济联系程度，完全关联度反映的是某一产业与相关产业的全部供给与需求关系的技术经济联系程度。

以下研究将通过产品分配结构考察邮轮产业的产业关联效应。分配结构就是产品或服务的销路或去向，分配系数就是分配结构的量化指标，即邮轮产业分配到产业链中各个产业的产品占其全部产品的比例。利用分配系数能够定量地表述邮轮产品的销路去向，分配系数的大小体现了邮轮产业受其他产业的影响程度。

（1）邮轮产业与前向关联产业的直接关联度

采用直接分配系数来测度邮轮产业与前向关联产业之间的直接关联度大小，分配系数表示各部门产品提供给邮轮产业用作中间使用的数量占各部门产品总量的比例，该值越大，表明各部门向邮轮产业提供的中间使用越多。该指数可用作分析各个部门间的相互依赖程度。邮轮产业的分配系数越高，说明其他产业对邮轮产业产品需求量越大，邮轮产业的直接供给推动作用越明显。计算公式为：

$$d_{ij} = x_{ij}/X_i \quad (i, j = 1, 2, \cdots, n)$$

其中，x_{ij} 为第 i 部门提供给第 j 部门中间使用的产品价值，X_i 为 i 部门的总产出。

根据相关数据计算得出邮轮产业与其他部门直接分配系数如表 7-1 所示。

第7章 基于产业链投入产出表的邮轮经济产业关联度研究

表7-1 邮轮产业对国民经济各部门的直接分配系数

部门	直接分配系数 2007年	直接分配系数 2012年	部门	直接分配系数 2007年	直接分配系数 2012年
农业	0.005757055	0.0106127	水利、环境及公共设施	0.107557569	0.1443814
食品和烟草	0.01487833	0.0122577	电力、热力生产及供应	0.0022816	0.0027870
金融保险	0.072067988	0.0695092	其他服务业	0.049516766	0.0725920
住宿餐饮	0.024885596	0.0281426	水供应	0.049036259	0.0412097
信息传输	0.188385536	0.1536886	房地产	0.036422776	0.4348708
文化娱乐	0.076721096	0.0765317	建筑业	0.021490632	0.0347226
邮轮产业	0.037815518	0.1158757	其他交通运输设备	0.011103792	0.0190947
交通运输和仓储	0.005757055	0.0102973	木材及家具	0.025977488	0.0174263

资料来源：根据2007年国家统计局投入产出表、2012年国家统计局投入产出表计算得出。

由表7-1可以看出，在16个部门的统计中，2007年与邮轮产业直接前向关联度较高的产业有7个（>0.03），分别是金融保险，信息传输，文化娱乐，水利、环境及公共设施，其他服务业，水供应，房地产；2012年与邮轮产业直接前向关联度较高的产业有7个（>0.03），其中金融保险、信息传输、文化娱乐是邮轮产业的主要直接供给目标，其次是其他服务业，水利、环境及公共设施，水供应，房地产，建筑业。如2007年邮轮产业每1万元的产出中，作为中间品将投入金融保险720元，住宿餐饮248元，水利、环境及公共设施1075元。2012年邮轮产业每1万元的产出中，作为中间品将投入金融保险695元，住宿餐饮281元，其他交通运输设备190元，信息传输1536元，文化娱乐765元，其他服务业725元，水供应412元，房地产434元，建筑业347元。由此说明，以上行业使用邮轮产业的产品和服务作为发展所需的中间投入品，邮轮产业的发展将带动这些产业不同程度地发展。

（2）邮轮产业与前向关联产业的完全关联度

本节用完全分配系数反映邮轮产业的单位初始投入，通过直接和间接的联系提供给相关部门分配数量，以及邮轮产业的产业前向关联度。完全分配系数数值越大，说明相关部门对邮轮产业的需求越大，邮轮产业的供给推动作用越明显；完全分配系数数值越小，则相关部门对邮轮产业的需求越小，邮轮产业的供给推动作用越不明显。完全分配系数通常记为 W_{ij}，表示 i 部门单位总产出直接分配和间接分配给 j 部门的数量，它表示 i 部门对 j 部门直接和通过其他部门间接产生的贡献，完全分配系数矩阵 W 的计算公式为：

$$W = (I-D)^{-1} - I$$

将直接分配系数矩阵 D 代入上式，得到表7-2。

表7-2 邮轮产业对国民经济各部门的完全分配系数

部门	完全分配系数 2007年	完全分配系数 2012年	部门	完全分配系数 2007年	完全分配系数 2012年
农业	0.005757055	0.0084599	水利、环境及公共设施	0.203802	0.400673
食品和烟草	0.03487833	0.0520505	电力、热力生产及供应	0.01585401	0.0207345
金融保险	0.052067988	0.0592096	其他服务业	0.049516766	0.065852
住宿餐饮	0.024885596	0.0827126	水供应	0.019036259	0.018057
信息传输	0.0263255	0.0906631	房地产	0.0640134	0.073979
文化娱乐	0.321783	0.391597	建筑业	0.0187518	0.013100
邮轮产业	0.2077269	0.234514	其他交通运输设备	0.01110379	0.042245
交通运输和仓储	0.0957241	0.267405	木材及家具	0.025977488	0.031269

资料来源：根据2007年国家统计局投入产出表、2012年国家统计局投入产出表计算得出。

第7章 基于产业链投入产出表的邮轮经济产业关联度研究

由表7-2可以看出,与邮轮产业前向完全关联的部门情况如下:

①2012年与邮轮产业前向关联最为密切的部门有3个,分别是水利、环境及公共设施(0.400673),文化娱乐(0.391597),交通运输和仓储(0.267405),其中金融保险(0.0592096)、住宿餐饮(0.0827126)、信息传输(0.0906631)、其他交通运输设备(0.042245)、房地产(0.073979)、其他服务业(0.065852)完全分配系数均在0.04以上,说明邮轮产业对这些行业的支持力度较大。以上各行业与2007年相比,与邮轮产业的前向关联度均有较大提升,这说明邮轮产业对其他产业发展的支持作用逐步凸显。

②2007年,完全分配系数小于0.04的行业有农业,食品和烟草,电力、热力生产及供应,水供应,建筑业,木材及家具等。可以看出,服务业对邮轮产业的产品需求度较高,工业和农业相关产业需求度较低,邮轮产业对服务业的发展有积极的推动作用。

(3)邮轮产业的感应度及感应度系数

感应度是指邮轮产业每增加一单位产值能够推动的国民经济各部门增加值的总和,即该产业对国民经济的推动力。感应度系数是某产业与国民经济其他产业的感应度之比,用感应度系数表示感应度大小,通常用感应度系数等于1作为平均标准,计算公式如下:

$$Ei = \frac{\sum_{j=1}^{n} bij}{\frac{1}{n}\sum_{i=1}^{n}\sum_{j=1}^{n} bij}$$

感应度系数 Ei 反映当国民经济中各产品部门均增加一个单位产值时,邮轮产业部门由此受到的需求感应程度。由上式计算得出,邮轮产业的感应度为0.824,低于平均水平,表明其他产业的增长对邮轮经济的拉动作用较小。

7.1.3 邮轮产业与后向产业的关联度测算

邮轮产业与后向产业的关联度是通过投入结构中的直接消耗系数与完

全消耗系数来测算的。邮轮产业投入结构就是指邮轮产业对产业链中的下游产业所支付的费用结构。也就是说，随着邮轮产业带动经济增长，其他产业随之增长的幅度，即邮轮产业需要消耗的下游产业的产品数量。邮轮产业所形成的产业链条中，为邮轮产业提供服务的下游产业需要从自己的下游产业获得资源，因而邮轮产业的发展速度会影响其他产业的发展速度。

(1) 邮轮产业与其后向产业的直接关联度

通常采用直接消耗系数作为衡量投入产出结构的指标，直接消耗系数是从投入的角度分析产业之间直接技术经济联系的指标，由此推导出邮轮产业的投入结构，邮轮产业对国民经济各部门的直接消耗系数如表7-3所示。

表7-3 邮轮产业对国民经济各部门的直接消耗系数

部门	直接消耗系数 2007年	直接消耗系数 2012年	部门	直接消耗系数 2007年	直接消耗系数 2012年
农业	0.001463	0.000344	水利、环境及公共设施	0.010967	0.017564
食品和烟草	0.013543	0.012656	电力、热力生产及供应	0.003393	0.003689
金融保险	0.044516	0.091831	其他服务业	0.014730	0.018932
住宿餐饮	0.014759	0.010354	水供应	0.004302	0.003202
信息传输	0.034630	0.045576	房地产	0.021880	0.039961
文化娱乐	0.026951	0.019062	建筑业	0.003495	0.006762
邮轮产业	0.040614	0.057021	其他交通运输设备	0.009726	0.014551
交通运输和仓储	0.004580	0.012619	木材及家具	0.007378	0.008534

资料来源：根据2007年国家统计局投入产出表、2012年国家统计局投入产出表计算得出。

从表7-3中可以看出，邮轮产业有较高的直接消耗系数，说明邮轮产业对上游产业的拉动能力较强，有较高的后向关联度。从表7-3中邮轮产

第7章 基于产业链投入产出表的邮轮经济产业关联度研究

业的直接消耗系数来看,依据每单位邮轮产品需要消耗的各个产业的产品量,以0.01和0.001作为邮轮产业对各个产业直接消耗系数的分界点,对各行业做如下分类。

①产品被邮轮产业消耗较多的产业,这些部门和邮轮产业存在较密切的直接后向联系。2007年排在前3位的分别是金融保险、信息传输、文化娱乐,它们的直接消耗系数均超过0.0269,说明邮轮产业每增加1万元的产品对这3个行业产品的直接消耗均在269元以上。2012年,邮轮产业直接消耗系数较大的部门有金融保险、信息传输、房地产等,它们的直接消耗系数均超过了0.0399,说明邮轮产业每增加1万元的产品对这3个行业产品的直接消耗均在399元以上。其中邮轮产业需求最高的是金融保险业,达到了0.091831。直接消耗系数大于0.01的行业说明邮轮产业对这些部门的直接带动作用较大,邮轮产业的发展能够带动这些行业的发展。

②产品被邮轮业直接消耗一般的产业。2007年直接消耗系数排在第4位到第7位的部门分别是房地产、其他服务业、住宿餐饮、食品和烟草。这些产业对邮轮产业的直接消耗系数大于0.0135,说明邮轮产业每生产1万元的旅游产品对这些部门的直接消耗均在135元以上,对它们具有直接依赖及带动作用。2012年直接消耗系数排在第4位到第6位的部门分别为文化娱乐、其他服务业、其他交通运输设备,这些产业对邮轮业的直接消耗系数均大于0.0145,说明邮轮产业对这些行业需求较高,邮轮业每生产1万元的产品对这些产品的直接消耗均在145元以上。

③产品被邮轮业直接消耗较少的产业。2007年直接消耗系数排在第7位以后的部门包括水利、环境及公共设施,其他交通运输设备,木材及家具,交通运输和仓储,水供应等。说明邮轮产业对上述部门消耗较少,邮轮业每生产1万元的旅游产品对这些产品的直接消耗大于14元小于109元,对它们的直接依赖和拉动作用较小。2012年直接消耗系数排在第7位以后的部门包括食品和烟草,交通运输和仓储,住宿餐饮,木材及家具,建筑业,电力、热力生产及供应,水供应等。说明邮轮产业对上述部门消耗较小,邮轮业每生产1万元的旅游产品对这些产品的直接消耗大于32元小于126元。

从以上分析可以看出各产业的拉动能力，2012年相对于2007年每1万元的邮轮产品对各个行业产品直接消耗有所增加，有的以2～3倍计（如交通运输和仓储、金融保险），可以看出随着邮轮产业的快速发展，邮轮产业对这些产业的依赖和拉动作用逐渐增强。

（2）邮轮产业与后向关联产业的完全关联度

本节采用完全消耗系数来研究邮轮产业的完全关联度。完全消耗系数是从投入角度分析产业之间直接和间接技术经济联系的指标，一个产业或部门在生产过程中产生的直接消耗和全部的间接消耗形成了该产业的完全消耗。邮轮产业由于直接消耗其他部门的产品而产生带动效应，其他部门的效益增长反过来又作用于邮轮业，邮轮产业又会产生二次带动作用，如此反复，就会形成一个完全消耗系数，利用该系数衡量完全后向关联度。邮轮产业对国民经济各部门的完全消耗系数如表7-4所示。

表7-4 邮轮产业对国民经济各部门的完全消耗系数

部门	完全消耗系数 2007年	完全消耗系数 2012年	部门	完全消耗系数 2007年	完全消耗系数 2012年
农业	0.012967	0.019170	水利、环境及公共设施	0.027473	0.054060
食品和烟草	0.031755	0.043425	电力、热力生产及供应	0.023434	0.044791
金融保险	0.058190	0.124254	其他服务业	0.034434	0.051097
住宿餐饮	0.034280	0.040376	水供应	0.020953	0.037095
信息传输	0.051925	0.087865	房地产业	0.028716	0.063524
文化娱乐	0.048303	0.051070	建筑业	0.025126	0.049882
邮轮产业	0.066392	0.104564	其他交通运输设备	0.037768	0.065997
交通运输和仓储	0.021044	0.051876	木材及家具	0.029430	0.047773

资料来源：根据2007年国家统计局投入产出表、2012年国家统计局投入产出表计算得出。

第7章 基于产业链投入产出表的邮轮经济产业关联度研究

由表7-4可知：

①2007年邮轮产业对其他行业的完全消耗系数中，排在前7位的部门有金融保险、信息传输、文化娱乐、其他交通运输设备、其他服务业、住宿餐饮、食品和烟草，说明邮轮产业与以上7个产业的完全关联度很高，对其有很强的依赖关系，即2007年每生产1万元的邮轮产品分别需要消耗金融保险581元，信息传输519元，文化娱乐483元，其他交通运输设备377元，其他服务业344元，住宿餐饮342元，食品和烟草317元。2012年邮轮产业对其他产业的完全消耗系数中，排在前7位的部门有金融保险，信息传输，其他交通运输设备，房地产，水利、环境及公共设施，交通运输和仓储，其他服务业，说明邮轮产业与以上产业完全关联度很高，对其有很强的依赖关系，即每生产1万元价值的邮轮产品分别需要消耗金融保险1242元，信息传输878元，其他交通运输设备659元，房地产635元，水利、环境及公共设施540元，交通运输和仓储518元，其他服务业510元。金融保险和信息传输分别排第一位和第二位，说明金融保险和信息传输的发展对邮轮产业有很强劲的间接拉动作用。

②邮轮产业与很多产业没有直接关联度，但间接作用即完全关联度却很高，以电力、热力生产及供应为例，2012年邮轮产业对其直接消耗系数为0.003689，但完全消耗系数为0.044791，说明电力的生产和供应对邮轮产业虽然没有显现出直接关联度，但却存在较显著的间接关联度。

③通过比较2007年和2012年的消耗系数，不管是直接消耗系数，还是完全消耗系数，邮轮产业对金融保险、信息传输、交通运输和仓储、其他服务业的消耗系数都有较大程度的提高，说明邮轮产业的发展对这些产业或部门的带动作用越来越大。

（3）邮轮产业的影响力及影响力系数

邮轮产业的影响力指的是邮轮产业最终产品变动对国民经济各部门产出带来的影响总和，也就是该产业对国民经济总体发展所起到的带动作用。影响力系数是影响力的比例化数值，它反映邮轮产业每增加1个单位，最终使用时对其他产业产生的需求影响程度。影响力系数大于1表明邮轮产业对国民经济发展的影响力高于平均水平，等于 1 表明达到平均水平，小于 1 表明低于平均水平。计算公式为：

$$F_j = \frac{\sum_{i=1}^{m} \overline{bij}}{1/m \cdot \sum_{i=1}^{m} \sum_{j=1}^{m} \overline{bij}} \qquad j = 1, 2, \cdots, m$$

式中，F_j 为影响力系数，为 $\sum_{j=1}^{m} bij$ 里昂惕夫逆矩阵的第 j 列之和；$1/m \cdot \sum_{i=1}^{m} \sum_{j=1}^{m} \overline{bij}$ 为里昂惕夫逆矩阵的列和的平均值。

当 F_j 大于 1 时，表示第 j 部门生产对其他部门所产生的波及影响程度大于各部门所产生波及影响的平均值，说明该产业影响力较强；当 F_j 小于 1 时，表示第 j 部门生产对其他部门所产生的波及影响程度低于各部门所产生波及影响的平均值，说明该产业影响力较弱。邮轮产业的影响力为 2.45717，本研究将邮轮产业产品的最终需求设定为 1 个单位，对其余产业产品的最终需求设定为 0，根据 2012 年数据计算得到邮轮产业最终需求为 1 个单位时影响各产业必须提供的全部产品的总和为 2.45717，即为邮轮产业对所有产业的总的影响效果。即邮轮产业每增加 1 元最终产出，将促使国民经济总产出增加 2.45717 元。邮轮产业的影响力系数为 0.8998，说明邮轮产业对其他部门的影响程度低于社会平均影响水平，增长与发展不完全依赖原材料，而更多地依靠劳动和资本的投入。

7.1.4 邮轮产业与中间产业的关联度测算

（1）邮轮产业的中间需求率

邮轮产业的中间需求率，是国民经济其他部门对邮轮产业产品的中间需求之和，与全社会对该产业产品的总需求之和相比较得到的。中间需求率等于中间需求量除以最终需求量，中间需求率是衡量产业关联效应的重要指标，利用中间需求率可以计算出国民经济各部门使用生产资料和消费资料的情况，国民经济各部门对邮轮产品的中间需求率如表 7-5 所示。

第7章 基于产业链投入产出表的邮轮经济产业关联度研究

表7-5 国民经济各部门邮轮产业中间需求率

部门	中间需求率 2007年	中间需求率 2012年	部门	中间需求率 2007年	中间需求率 2012年
农业	0.00607	0.000895	水利、环境及公共设施	0.01232	0.003146
食品和烟草	0.048027	0.032357	电力、热力生产及供应	0.002009	0.005221
金融保险	0.07359	0.157514	其他服务业	0.009066	0.008652
住宿餐饮	0.018554	0.007022	水供应	0.010943	0.000158
信息传输	0.029476	0.03323	房地产业	0.00043	0.048676
文化娱乐	0.00427	0.00388	建筑业	0.027432	0.027243
邮轮产业	0.312431	0.335501	其他交通运输设备	0.018601	0.025466
交通运输和仓储	0.00607	0.022728	木材及家具	0.027217	0.004651

资料来源：根据2007年国家统计局投入产出表、2012年国家统计局投入产出表计算得出。

从表7-5中可以看出，邮轮产业2007年的中间需求率为0.3124，2012年的中间需求率为0.3355，表明2007年大约有31.24%、2012年大约有33.55%的邮轮服务产品被用作国民经济各部门的生产要素，2007年约有68.76%、2012年约有66.45%的邮轮旅游服务产品被用作最终产品。这表明，邮轮产品主要被用作最终产品，邮轮产业具有消费性服务业性质。

（2）中间投入率

中间投入率表示邮轮产业总产值中外购有形产品和无形产品所占的比重，反映了邮轮产业受制于其他产业部门的程度，或其所在部门需求量对其他部门生产量的带动作用，同时也反映了该产业增加值的高低。中间投入率与增加值率是反向增长的，中间投入率与增加值率之和等于1。邮轮产业的中间投入率如表7-6所示。

表7-6 邮轮产业中间投入率

部门	中间投入率 2007年	中间投入率 2012年	部门	中间投入率 2007年	中间投入率 2012年
农业	0.001708	0.007032	水利、环境及公共设施	0.007206	0.003669
食品和烟草	0.010402	0.014457	电力、热力生产及供应	0.008519	0.002265
金融保险	0.040017	0.068006	其他服务业	0.017045	0.007329
住宿餐饮	0.064918	0.03864	水供应	0.000921	0.000878
信息传输	0.003583	0.005144	房地产	0.013108	0.008818
文化娱乐	0.00427	0.001701	建筑业	0.000755	0.002117
邮轮产业	0.67691	0.674017	其他交通运输设备	0.036365	0.043794
交通运输和仓储	0.042047	0.051261	木材及家具	0.002303	0.013121

资料来源：根据2007年国家统计局投入产出表、2012年国家统计局投入产出表计算得出。

由表7-6可以看出，邮轮产业2007年的中间投入率是0.67691，2012年达到了0.674017，也就是说邮轮产业总产出中67.4%来源于中间投入，表明其是中间投入率较高的产业，其产品和服务的消费性较强。说明邮轮产业对其他部门的带动作用较强，关联性较紧密，较快地推动了区域经济的发展。

7.1.5 结论及政策建议

本研究结果表明：①邮轮产业的感应度系数为0.824，低于全社会平均水平，说明国民经济发展对邮轮产业的带动作用有限，其他产业对邮轮产业仍有较大的需求空间；国家邮轮产业的影响力系数为2.45717，高于全社会平均水平，说明邮轮产业对国民经济的推动力较大。邮轮产

第7章 基于产业链投入产出表的邮轮经济产业关联度研究

业的感应度系数小于影响力系数,表明邮轮产业对国民经济各部门的推动作用大于国民经济各部门对它的推动作用。我国邮轮产业自2006年开始快速发展,邮轮产业对区域经济的影响力不断提升,感应度有所下降,说明相对于其他产业,邮轮产业对经济发展的推动作用不断增强,而受国民经济的带动作用在下降。②邮轮业的投入与产出联系较为紧密,邮轮业产出的增加会带动相关行业的发展,数据研究显示,2012年邮轮产业产出增加1万元需要自身直接投入570元,间接投入1045元,再分配邮轮业内部608.37元。同时邮轮业对住宿业、餐饮业、食品制造、娱乐业等相关产业的消耗程度较大。③邮轮产业的发展对其后向关联产业将起到积极的带动作用,邮轮产业的中间投入率较高,表明邮轮产业的发展过程中需要大量相关产业中间投入的生产要素,这势必会带动相关产业的快速发展。邮轮产业的中间需求率较低,表明邮轮产业的产品和服务只有较少部分用于其他行业的再生产,而更多的被用于生活消费、服务出口等环节。因而,加快邮轮产业后向关联产业的发展将会助推邮轮产业的发展。

基于以上研究成果,本研究提出相关政策建议:第一,形成产业、行业、政府合力建设邮轮全产业链的发展模式。由于邮轮产业具有较高的影响力和较低的感应度,需要确定邮轮产业在国民经济发展中的地位和作用,合理设计发展战略,更好地发挥产业间的辐射和带动作用。建议政府设立较高级别的邮轮产业发展管理机构,如考虑在中央政府层面设立邮轮发展署,在地方政府层面设立邮轮发展协调工作组。政府在产业发展中起主导作用的同时,主动引入市场运作机制,以此促进邮轮产业与其他产业的融合,形成较为成熟的邮轮产业链。政府可以在国家层面统一规划管理邮轮母港建设项目,主导邮轮产业的协调发展和规划,整体实施邮轮产业发展计划,建立统一的管理机构和统一的服务平台。通过构建邮轮产业发展统一管理机构,加强邮轮制造业、交通运输业、航运业、物流业、服务业、船舶维修业等产业和部门的协调发展能力,积极营造邮轮产业良性发展的政策环境,建立健全产业发展相关政策,尤其应在金融、航运、政府效率等方面创造有利于邮轮产业发展的外部环境,积极鼓励民间资本和外来资本参与邮轮全产业链的建设,在政策层面给予支持和优惠。各地方政府应积极参与邮轮旅游的推广,协助有关企业提供旅游服务,向国内及国际市场推广邮轮相关产品,延伸邮轮产业价值链。建立产业、行业、政府合力完善邮轮全产业链的发展模式,从邮轮设计建造到后勤补给,逐步打造属于中国自己的邮轮全产业集群。

第二,构建邮轮产业开发拓展模式,促进衍生产业发展。促进邮轮相关行业的发展对邮轮业自身的发展意义重大,产业链的延伸与拓展是邮轮经济发展的必然要求,产业链环节的价值增值成为提高邮轮经济对国民经济的贡献度和促进现代服务业增长的推动力。邮轮产业链涉及服务业、制造业、运输业、旅游业、观光与休闲产业、农业等全产业体系,通过产业创新、跨部门整合,带动相关产业的共同发展。邮轮经济涵盖面广,邮轮产业的开发拓展需要引导具有发展潜力的产业集群,通过组建大型开发公司,尝试进入邮轮上游制造产业链环。在邮轮产业中下游环节,考虑构建两大产业链群,在中游环节构建以邮轮运营管理公司为核心的"邮轮运营管理产业链群",建设和发展围绕邮轮运营的邮轮维修、制造、运营等产业链群,实现本土邮轮公司、邮轮维修、邮轮制造、邮轮运营管理等产业链群协同发展的开发模式;在下游环节,建立以邮轮母港为核心的"邮轮旅游服务产业链群",如在母港周边区域形成一个邮轮服务业产业链群,涵盖港口商贸、旅游供应服务商、邮轮船供、交通物流等产业。

第三,逐步建立市场导向、消费驱动的邮轮产业发展模式。以企业为主导,利用市场配置邮轮资源,是推进邮轮产业可持续发展的内生动力。随着经济持续多年的高速发展,中国人均可支配收入的增加为邮轮消费市场的扩大提供了可能,越来越多的人开始认知并参与到邮轮旅游活动中来,国内庞大的邮轮潜在消费市场吸引了众多国际邮轮公司纷至沓来。在邮轮产业市场政策方面,具体可以考虑利用财政补贴、税收优惠等方式为邮轮产品供应企业提供便利,利用消费信贷为邮轮产品消费者提供便利。在邮轮产品供给数量逐年攀升、内容不断推陈出新的背景下,需要更加重

第7章 基于产业链投入产出表的邮轮经济产业关联度研究

视邮轮市场供给质量和市场布局工作。目前,在邮轮产品供给和邮轮消费需求的双重驱动下,我国邮轮产业发展进入快速成长期,培育市场需求是推动邮轮产业发展的根本动力,提高国民对邮轮休闲度假生活的重视和关注,培育全球最大的邮轮旅游市场需求,进而依托长三角、珠三角、环渤海及环南海地区的客源市场与经济腹地,推进亚太邮轮市场共同体建设,借助邮轮消费带动邮轮产业的高速发展。

7.2 海南省邮轮产业关联效应与波及效应研究

本节以海南省统计局发布的《2007年海南省投入产出表》和《2012年海南省投入产出表》为基本数据来源,对海南省邮轮产业进行投入产出分析。从产业链的角度来看,邮轮产业与各个产业的关联度均不同,且存在很大区别。本节利用2007年和2012年的投入产出表资料,分别测算并分析邮轮产业的产业关联指标,反映邮轮产业关联指标和产业关联变化情况。利用投入产出表对海南省邮轮产业及其密切关联产业的关联度进行量化分析,并将计算结果按照关联度大小排序。

7.2.1 海南邮轮产业投入结构

邮轮产业投入结构就是指邮轮产业对产业链中的下游产业所支付的费用结构。也就是说,随着邮轮产业带动经济增长,其他产业随之增长的幅度,即邮轮产业需要消耗的下游产业的产品数量。邮轮产业所形成的产业链条中,为邮轮产业提供服务的下游产业需要从自己的下游产业获得资源,因而邮轮产业的发展速度会影响其他产业的发展速度。

通常采用直接消耗系数作为衡量投入产出结构的指标,由此推导出邮轮产业的投入结构,海南邮轮产业对海南各产业的直接消耗系数如表7-7所示。

表7-7 海南邮轮产业对各产业的直接消耗系数

部门	直接消耗系数 2007年	直接消耗系数 2012年	部门	直接消耗系数 2007年	直接消耗系数 2012年
农业	0.0000	0.0000	生态保护及环境治理	—	0.0022
食品制造	0.0328	0.3108	电力、热力生产及供应	0.0002	0.0126
金融保险	0.2347	0.4288	船舶及相关装置	0.0029	0.0271
住宿餐饮	0.0592	0.0981	其他服务业	0.0176	0.0985
交通运输	0.0171	0.0876	水供应	0.0168	0.0068
信息传输	0.0913	0.0460	房地产	0.0325	0.0497
娱乐	0.0465	0.1546	社会保障	0.0033	0.0016
邮轮产业	0.0338	0.0484	建筑业	0.0206	0.0210
文化艺术	0.0076	0.0209	其他交通运输设备	0.0000	0.0081
仓储	0.0000	0.0217	木材及家具	0.0000	0.0162

资料来源：根据2007年海南省统计局投入产出表、2012年海南省统计局投入产出表计算得出。

从表7-7中可以看出，邮轮产业有较高的直接消耗系数，说明邮轮产业对上游产业的拉动能力较强，有较高的后向关联度。从表7-7中邮轮产业直接消耗系数来看，按照邮轮产业每生产1个单位的产品需要消耗的各个产业的产品量，以0.1和0.01作为海南邮轮产业对各个产业直接消耗系数的分界点，对各行业进行如下分类。

（1）产品被邮轮产业消耗较多的产业，这些部门和邮轮产业存在较密切的直接后向联系。2007年排在前3位的分别是金融保险、信息传输、住宿餐饮，它们的直接消耗系数均超过0.0592，说明邮轮产业每增

第7章 基于产业链投入产出表的邮轮经济产业关联度研究

加1万元的产品对这3个行业产品的直接消耗均在592元以上。2012年，邮轮产业直接消耗系数较大的部门有金融保险、食品制造、娱乐业等，它们的直接消耗系数均超过了0.1546，说明邮轮产业每增加1万元的产品对这3个行业产品的直接消耗均在1546元以上。其中邮轮产业需求最高的是金融保险，达到了0.4288。说明邮轮产业对这些直接消耗系数大于0.1的行业的直接带动作用较大，邮轮产业的发展能够带动这些行业的发展。

（2）产品被邮轮业直接消耗一般的产业。2007年直接消耗系数排在第4位到第6位的部门分别是娱乐业，食品制造、房地产。这些产业对邮轮产业的直接消耗系数大于0.0325，说明邮轮产业每生产1万元的旅游产品对这些部门的直接消耗均在325元以上，对它们的直接依赖及带动作用较大。2012年直接消耗系数排在第4位到第7位的部门分别是其他服务业、住宿餐饮、交通运输、房地产，这些产业对邮轮业的直接消耗系数均大于0.0484，说明邮轮产业对这些行业需求较高，说明邮轮业每生产1万元的产品对这些产品的直接消耗均在484元以上。

（3）产品被邮轮业直接消耗较少的产业。2007年直接消耗系数排在第7位以后的部门有建筑业，其他服务业，水供应，交通运输业，文化艺术，社会保障，船舶及相关装置，电力、热力生产及供应等。说明邮轮产业对上述部门消耗较小，邮轮业每生产1万元的旅游产品对这些产品的直接消耗大于2元小于206元，对它们的直接依赖和拉动作用较小。2012年直接消耗系数排在第7位以后的部门有建筑业、文化艺术、仓储、木材及家具业、生态保护及环境治理、社会保障、水供应等。说明邮轮产业对上述部门消耗较小，邮轮产业每生产1万元的旅游产品对这些产品的直接消耗大于81元小于210元。

从以上分析可以看出各产业的拉动能力，2012年相对于2007年每1万元的邮轮产品对各个行业产品直接消耗有所增加，有的甚至以接近10倍计（如食品制造业、船舶及相关装置），可以看出随着邮轮产业的快速发展，邮轮产业对这些产业的依赖和拉动作用逐渐增强。

7.2.2 邮轮产业与其关联产业的完全关联度

本节采用完全消耗系数研究产业完全关联度,海南邮轮产业对各产业的完全消耗系数如表7-8所示。

表7-8 海南邮轮产业对各产业的完全消耗系数

部门	完全消耗系数 2007年	完全消耗系数 2012年	部门	完全消耗系数 2007年	完全消耗系数 2012年
农业	0.0014	0.1161	生态保护及环境治理	—	0.0022
食品制造	0.1000	0.7356	电力、热力生产及供应	0.0168	0.0807
金融保险	0.3079	0.5604	船舶及相关装置	0.0244	0.0830
住宿餐饮	0.0857	0.1847	其他服务业	0.0348	0.1579
交通运输	0.0929	0.3629	水供应	0.0451	0.0193
信息传输	0.1123	0.1261	房地产	0.0428	0.0727
娱乐	0.0139	0.2091	社会保障	0.0239	0.0324
邮轮产业	0.0536	0.1498	建筑业	0.044	0.2057
文化艺术	0.0192	0.0727	其他交通运输设备	0.0259	0.0472
仓储	0.0082	0.0954	木材及家具	0.0156	0.1029

资料来源:根据2007年海南省统计局投入产出表、2012年海南省统计局投入产出表计算得出。

由表7-8可以得出:

(1) 2007年邮轮产业对其他行业的完全消耗系数中,排在前7位的部门有金融保险业、信息传输业、食品制造、交通运输业、住宿餐饮、建筑业、房地产业，说明邮轮产业与以上 7 个产业的完全关联度很高，对其有很强的依赖关系，即 2007 年每生产 1 万元的邮轮产品分别需要消耗金融保险业 3079 元，信息传输业 1123 元，食品制造 1000 元，交通运输业 929 元，住宿餐饮 857 元，建筑业 440 元，房地产业 428 元。2012 年邮轮产业对其他产业的完全消耗系数中，排在前面的部门有食品制造、金融保险、交通运输、娱乐业、建筑业、住宿餐饮、商务服务、其他服务业、农业、木材及家具，说明邮轮产业与以上产业完全关联度很高，对其有很强的依赖关系，即每生产 1 万元价值的邮轮产品需要分别消耗食品制造业 7356 元，金融保险 5604 元，交通运输 3629 元，娱乐业 2091 元，建筑业 2057 元，其他服务业 1579 元，农业 1161 元，木材及家具 1029 元。金融保险业和食品制造业分别排第一，说明金融保险业和食品制造业的发展对邮轮产业有很强劲的间接拉动作用。

（2）邮轮产业与很多产业没有直接关联度，但间接作用即完全关联度却很高，以农业为例，2012 年邮轮产业对其直接消耗系数为 0，但完全消耗系数为 0.1161，说明农业的发展对邮轮产业虽然没有显现出直接关联度，但却存在较显著的间接关联度。

（3）通过比较 2007 年和 2012 年的消耗系数，不管是直接消耗系数，还是完全消耗系数，邮轮产业对食品制造、住宿餐饮、娱乐业、船舶及相关装置的消耗系数都有较大程度的提高，说明邮轮产业的发展对这些产业或部门的带动作用越来越大。

7.2.3 邮轮产业的中间需求与中间投入

（1）邮轮产业的中间需求率

海南邮轮产业的中间需求率，是国民经济其他部门对邮轮产业产品的中间需求之和。利用中间需求率可以计算出海南各个产业使用生产资料和消费资料的情况，海南各产业对邮轮产业的中间需求率如表 7-9 所示。

表7-9 海南各产业对邮轮产业的中间需求率

部门	中间需求率 2007年	中间需求率 2012年	部门	中间需求率 2007年	中间需求率 2012年
农业	0.855847	0.195928	生态保护及环境治理	0.285936	0.163238
食品制造	0.919127	1.37379	电力、热力生产及供应	3.020903	5.59649
金融保险	6.263913	1.012285	船舶及相关装置	1.148024	0.04294
住宿餐饮	1.250057	0.529436	其他服务业	4.790239	11.75268
交通运输	0.929814	5.205367	水供应	1.180751	3.023019
信息传输	1.204493	0.423162	房地产	0.382018	0.035406
娱乐	0.129822	0.194658	社会保障	0.000212	0.017769
邮轮产业	0.107029	0.24053	建筑业	0.04208	3.167887
文化艺术	0	0.017835	其他交通运输设备	0.158969	0.043268
仓储	3.448179	5.835812	木材及家具	0.285936	0.071487

资料来源：根据2007年海南省统计局投入产出表、2012年海南省统计局投入产出表计算得出。

从表7-9可以看出，2012年食品制造、金融保险、交通运输、仓储等行业的中间需求率都很高，都在1.0以上。邮轮产业2007年的中间需求率为0.107029，2012年的中间需求率为0.24053。表明2007年大约有10.7%、2012年大约有24%的邮轮服务产品被用作国民经济各部门的生产要素，2007年约有89.3%、2012年约有76%的旅游服务产品被用作最终产品。这表明，邮轮产品主要被用作最终产品，邮轮产业具有消费性服务业性质。

(2) 中间投入率

中间投入率表示邮轮产业总产值中外购有形产品和无形产品所占的比重，反映了邮轮产业受制于其他产业部门的程度，或其所在部门需求量对其他部门生产量的带动作用，同时也反映了该产业增加值的高低。中间投入率与增加值率是反向增长的，中间投入率与增加值率之和等于1。海南邮轮产业的中间投入率如表7-10所示。

表7-10 海南邮轮产业中间投入率

部门	中间投入率 2007年	中间投入率 2012年	部门	中间投入率 2007年	中间投入率 2012年
农业	0.47211	0.239864	生态保护及环境治理	0.361502	0.140331
食品制造	0.634221	1.197908	电力、热力生产及供应	0.751428	0.881554
金融保险	0.984444	3.147719	船舶及相关装置	0.617993	0.722072
住宿餐饮	0.854292	0.417373	其他服务业	0.989344	0.9245
交通运输	0.677214	4.522769	水供应	0.898248	0.812427
信息传输	0.89665	0.309313	房地产	0.27642	0.197064
娱乐	0.129419	0.417742	社会保障	0.000212	0.017459
邮轮产业	0.603545	0.900228	建筑业	0.040386	0.964937
文化艺术	0	0.017523	其他交通运输设备	0.5056847	0.870152
仓储	0.776207	0.704032	木材及家具	0.254783	0.45717

资料来源：根据2007年海南省统计局投入产出表、2012年海南省统计局投入产出表计算得出。

由表7-10可以看出，海南邮轮产业2007年的中间投入率是0.6035，2012年达到了0.9002，表明其是中间投入率较高的产业，其产品和服务的消费性较强。说明邮轮产业对其他部门的带动作用较强，关联性较紧密，较快地推动了区域经济发展。

7.2.4 邮轮产业波及效应

（1）邮轮产业的影响力及影响力系数

影响力表述的是某一产业最终产品的变动对国民经济各个部门的产出

带来的变动的总和,也就是该产业对国民经济总体发展所起到的带动作用。影响力系数是影响力的比例化数值,它反映当国民经济某一部门增加1个单位最终使用时,对其他各部门所产生的需求波及程度。影响力系数大于1表明某一产业对国民经济发展的影响力高于平均水平,等于1表明达到平均水平,小于1表明低于平均水平。计算公式为:

$$F_j = \frac{\sum_{i=1}^{m} \overline{b_{ij}}}{1/m \cdot \sum_{i=1}^{m} \sum_{j=1}^{m} \overline{b_{ij}}} \qquad j = 1, 2 \cdots, m$$

式中,F_j为影响力系数,为$\sum_{i=1}^{m} b_{ij}$里昂惕夫逆矩阵的第j列之和;为里$1/m \cdot \sum_{i=1}^{m} \sum_{j=1}^{m} \overline{b_{ij}}$昂惕夫逆矩阵的列和的平均值。当$F_j$大于1时,表示第$j$部门生产对其他部门所产生的波及影响程度超过全部门的平均影响力水平;当F_j小于1时,表示第j部门生产对其他部门所产生的波及影响程度低于全部门的平均影响水平;F_j值越大,说明第j部门对其他部门的拉动作用越大,反之越小。

海南省邮轮产业的影响力为2.7173,本研究将邮轮产业产品的最终需求设定为1个单位,对其余产业产品的最终需求设定为0,根据2012年数据计算得到邮轮产业最终需求为1个单位时影响各产业必须提供的全部产品的总和为2.7173,即为邮轮产业对所有产业的总影响效果。也就是说当邮轮业增加1元最终产出,将会带动国民经济总产出增加2.7173元。海南省邮轮产业的影响力系数为0.8998,说明邮轮产业对其他部门的影响程度低于社会平均影响力水平,增长与发展不完全依赖原材料,而更多地依靠劳和资本的投入。

(2) 邮轮产业的感应度及感应度系数

感应度及感应度系数是反映邮轮产业对其他产业前向关联程度的两个重要的经济参数。所谓邮轮产业对其他产业的前向关联,是指其他产业部门对邮轮产业部门产品或服务需求的程度。其他产业部门对邮轮产业部门产品或服务的需求越大,邮轮产业的发展就越能有效地促进其他产业的扩张。感应度系数是某产业与国民经济其他产业的感应度之比,用感应度系数表示感应度大小,通常用感应度系数等于 1 作为平均标准,计算公式如下:

$$Ei = \frac{\sum_{j=1}^{n} bij}{\frac{1}{n}\sum_{i=1}^{n}\sum_{j=1}^{n} bij}$$

感应度系数 Ei 反映当国民经济中各产品部门均增加 1 个单位最终使用时,某一产品部门由此受到的需求感应程度。

由上式计算得出,海南省邮轮业的感应度为 0.844,低于平均水平,表明其他产业的增长对邮轮产业经济的拉动作用较小。

7.2.5 结论及建议

本研究利用海南省投入产出表 2007 年和 2012 年的数据研究了海南省邮轮产业的产业关联和产业波及效应,研究结果表明如下:

第一,海南省邮轮业的投入产出联系较为紧密,邮轮业产出的增加会带动相关行业的发展,数据研究显示,2012 年邮轮产业产出增加 1 万元需要自身直接投入 484 元,间接投入 1498 元,再分配邮轮业内部 508.37 元。同时邮轮业对住宿业、餐饮业、食品制造、娱乐业等相关产业的消耗程度较大,因此,促进邮轮相关行业的发展对邮轮业自身的发展意义重大。

第二,海南邮轮产业的影响力系数大于感应度系数,表明海南邮轮产业受国民经济发展的带动作用小于其对国民经济的拉动作用。海南省邮轮产业自 2006 年开始快速发展,邮轮产业对区域经济的影响力不断提升,感应度有所下降,说明相对于其他产业,邮轮产业对国民经济发展的带动作用不断增强,而受国民经济的带动作用在下降。因此,需要确定邮轮产业在区域经济发展中的地位和作用,明确其进一步发展的相关政策,制定发展战略,更好地发挥邮轮产业对区域经济及其相关产业的带动作用。

第三,海南省邮轮产业的发展对其后向关联产业将起到积极的带动作用,邮轮产业的中间投入率较高,表明海南省邮轮产业在发展过程中需要

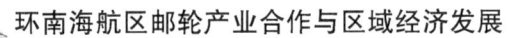

大量相关产业中间投入的生产要素,这势必会带动相关产业快速发展。邮轮产业的中间需求率较低,表明海南邮轮产业的产品和服务只有较少部分用于其他行业的再生产,而更多地被用于生活消费、服务出口等环节。因而,推动邮轮产业后向关联产业的发展将对海南邮轮产业发展起到积极作用。

第8章 邮轮产业发展策略研究

8.1 邮轮产业的管理体制策略研究

8.1.1 邮轮产业管理体制存在的问题

(1) 邮轮产业管理体系不完善

从管理机制的角度来看,目前海南省还没有专门的邮轮产业管理机构,如政府部门并未设立专门的邮轮产业管理部门,交通、航运、旅游、商务、城建等部门缺乏统一的组织协调机构;现行的邮轮管理工作也缺乏规范的管理制度,出现问题多采用"一事一议"的方式,制度化的缺失不利于海南邮轮产业发展,影响邮轮公司的运营及维持客源的稳定性。民间机构也缺少邮轮行业协会之类的组织。在国际邮轮母港的建设与管理过程中同样出现了条块分割、多头管理的问题,监管机构、相关政策和法律分散在多个部门。随着传统水上旅游逐步升级为海洋度假游,邮轮产业快速发展起来。但囿于现行的邮轮运营管理政策源于货运船舶管理规定,无法有效规范整个行业,这对邮轮产业的发展极为不利。政府和产业内企业不仅缺少一个能够规范整个产业发展的组织,而且缺少一个能够有效约束行业发展的行业协会以促进邮轮行业企业自律、规范发展。行业协会可以协调各方组建信息技术平台,协会内的企业可以共享信息,共同研究市场走势,建立行业标准,整合营销邮轮旅游目的地等。我国及海南的行业组织不仅无法实现欧美行业协会的功能,而且重大决策和行动只能由中央政府决定并指导行动,甚至海南省政府也无法决定。行业协调难,约束行业发展的协会组织形成困难。从地方邮轮业务运营角度而言,邮轮市场还处在成长阶段，旅行社、邮轮公司、邮轮港口等参与方对邮轮业务还不精通，邮轮经营管理过程中即使出现问题也只是随意处理，没有规范化的工作流程可以遵循。从港口与城市发展的关系来看，邮轮港口是邮轮产业发展的重要基础，邮轮港口是滨海城市发展的新兴增长极，邮轮港口及配套设施、邮轮船只在区域邮轮经济发展中起到重要的支撑作用。通过发展以邮轮为核心的服务业，如旅游、商贸、休闲娱乐、房地产、会展等多种业态，刺激港口周边地块开发，加快邮轮旅游服务品质的提升。邮轮港口的经营与开发牵涉面广，涉及商业、航运、信息等多个产业，能够推动港口所在城市相关产业的转型升级。港口的建设规模大、建设周期长，没有统一的组织机构管理及协调很难顺畅运行。

（2）促进邮轮产业发展的运行机制不健全

①尚未建立邮轮母港发展协调机制。邮轮母港建设和管理过程中的制约因素体现在管理体制、政策及法律等方面，现行邮轮运营管理政策法规参照货船或者客船管理制度，管理存在条块分割的情况，尚未形成邮轮行业管理的制度化、常态化，尚未形成高效统一的邮轮发展协调机制。

②部门协调困难，相关部门联动促进邮轮发展的机制不明确。邮轮产业的发展涉及多方机构，从中央到地方都牵涉到发改委、交通运输部门、旅游主管部门、出入境主管部门、商委等，众多部门如何协调各自在邮轮产业发展中所起的作用，并能联手推动该产业的发展，也是难点所在。

③产业协调困难，邮轮市场供给、配送体系不完善。国际邮轮是海上的五星级酒店，单船需求量大，营运需要多个部门、机构的配合，岸上后勤是其中重要组成部分。现阶段，邮轮在三亚港口只有淡水补给，且规模较小，相应的产业链开发不完善。以丽星邮轮公司为例，虽然该公司以三亚港为邮轮母港，但邮轮的很多补给和维护却是在国外完成的。此外，邮轮船供的监管模式也存在问题：一是船供业务未列入贸易性报关管理范畴。邮轮船供贸易存在两种类型，一类是本地采购，另一类是国际转运。这两类都是货物直接上船销售，供船员和游客消费，无须通过货物贸易的形式运出境，如此可以减少贸易环节，拉动内需，带动出口。但是目前海关对船供物品并未纳入贸易性报关管理范畴，对其采取非进出口贸易的监

管方式。船供领域在我国属于国企专营，代理手续费达到18%，船供企业在报关、出口退税、过境转运等方面存在一系列问题，一个港口供应服务企业要受到口岸港口、海关、国检、边检、海事多达五个监管部门以及港区安保机构的监督和管理，造成程序烦琐，税费增加，造成国内船供企业没有成本和价格的竞争优势，建设邮轮配送中心的设想很难在三亚港实现。二是缺少针对邮轮配送模式的政策支持，造成三亚邮轮母港船供业务流失到新加坡、马来西亚、中国台湾等地。邮轮船供进境食品按照进口食品监管的方法实施检验检疫，存在检验检疫审批和监管环节限制的问题。邮轮船供食品存在批次多、数量小、变化大、需要快速通关等特点，而其中的肉类、水产品、乳制品、蔬菜和水果等需要在国家质检总局办理检验检疫审批，还要强制加贴中文标签和标签符合性检验，审批手续繁杂且耗时，明显已经不适于邮轮产业的快速发展。

8.1.2 促进邮轮产业发展，完善管理体制的若干设想

（1）建立海南邮轮产业发展行政推进机制

由海南省邮轮旅游发展领导小组主导，海南邮轮产业发展推进工作组主持不定期的"促进邮轮产业发展工作会议"，通告中央政府有关发展邮轮产业的重大举措和要求，传达省政府等部门对邮轮产业发展的指导意见，收集各市县对海南邮轮产业发展的意见和建议，协调省、市、县在发展邮轮产业中的关系，解决发展过程中出现的意见和分歧，探讨各级政府促进邮轮产业发展的途径和模式，以此统筹安排及协调重大项目的实施。

（2）建立海南邮轮产业发展的部门协调机制

在海南邮轮产业发展推进工作组的指导下，不定期召集邮轮产业发展部门联席会议，邮轮产业相关职能部门、各个市县互相交流邮轮产业发展工作计划、工作进展及目标；推广邮轮产业建设及发展的先进经验，协调各部门在推进工作中的权责划分，解决发展中遇到的实际问题和困难，促进各个部门、各个市县的合作与交流，提高资源利用效率，培育产业整体竞争力，促进海南邮轮产业的快速发展。

(3) 邮轮监管制度创新

第一，创新邮轮船供监管模式。以三亚为例，建议海关总署明确将三亚邮轮母港区域内邮轮船供物品和过境物品纳入一般货物贸易报关管理范畴，并对过境供给邮轮的货柜采取过境监管模式，简化程序。可以借鉴自贸区国际中转集拼业务监管模式，对邮轮承载的进境冷冻水果实施检疫监管，可以过境检疫模式对邮轮承载的进境食品（除冷冻水果外）实施检疫监管。供给邮轮食品的进口商应为邮轮食品供应单位或其指定企业，过境邮轮食品供应企业应受检验检疫机构监管，并提前向三亚检验检疫局上报入境口岸及过境路线。

第二，邮轮船供贸易便利化。首先，可以整合船供保税仓和出口监管仓的功能，目前船供保税仓库只用于存放国外进口的船供物品，并未用于存放国内采购的船供物品，无法开展简单加工及国际分拨、配送等业务。可以整合保税仓库和出口监管仓库的功能，扩大船供保税仓的功能，不仅用于存放过境转运邮轮的物品，还可用于存放本国采购的邮轮船供物品及邮轮船供出口货物。其次，可以将自贸区优惠政策推广至邮轮港区域。目前，因为三亚还未设立海关特殊监管区，所以申请综合保税区耗时较长。为了尽快实现邮轮配送便利化，可以允许三亚在邮轮港区采用自贸区相关的货物贸易便利化制度，如国内船供货物进入港区可以退税，在邮轮港区可以进行简单包装加工，充分发挥产业集聚效应，汇聚加工、存储、物流、采购等功能，以邮轮港区为中心建设邮轮船供供应基地。

(4) 海关监管制度创新

一方面可以对邮轮游客、船员、船供物料等实行属地海关归口管理，建立与海关属地相关的邮轮集中监管模式。邮轮临管主管地海关将负责船供企业备案、档案管理、单证核销、登临检查、进出境游客、船员监管等职能。为邮轮公司、船供企业和代理公司提供便捷的通关服务，帮助形成及完善邮轮下游产业链，促进邮轮经济的快速发展。另一方面可以将邮轮作为运输工具，在进出境报检时实现一站式服务，即整合海关、检验检疫、边检等口岸部门的职能。

另外可以借鉴上海自贸区保税区的方法，把邮轮作为运输工具，在其进出境报检时推行"单一窗口"服务,实现海事、海关、检验检疫、工商、税务等与旅游服务贸易相关的部门"一站式"服务,实现多个部门的协调和数据共享。逐步完善"单一窗口",使其成为口岸通关执法及相关商务物流服务平台。

8.2 改善邮轮产业发展的软环境

8.2.1 改善邮轮市场发展软环境

(1) 创造较为宽松的邮轮游客入境口岸管理政策

目前,邮轮游客出入境免签政策较严格,通关手续办理的时效性较差,阻碍了邮轮客流量的增加。要创造开发有序的、与国际邮轮市场和体制接轨的制度环境,可先从口岸通关提供入境便利入手,充分利用海南自由贸易试验区的优势,争取国家有关部门的支持,先行先试,简化游客出入境通关手续,建立完善的、符合国际惯例的邮轮出入关程序和口岸管理办法,制定邮轮口岸管理细则,提高通关效率。建议海南省出入境管理局、海关总署借鉴中国香港、韩国、日本、新加坡等地为促进旅游业的发展,针对不同的国家、不同的地区、不同的条件实行允许不同时间的出入境定时免签政策,建议将机场口岸"72小时过境免签"政策扩展至国外入境邮轮乘客,尽快将"144小时便利签证"措施扩展至全省,提供入境便利。海南省出入境管理局、海关总署联合起草一套境外邮轮游客到海南12小时、24小时、72小时,甚至更长时间的入境定时免签细则,上报中央审核通过,在三亚试行。

(2) 构建邮轮销售的便利环境

海南省邮轮服务业外资准入仍受政策限制,对比上海自贸区服务业开发措施,其中规定"允许在试验区内注册的符合条件的中外合资旅行社,从事除台湾地区以外的出境旅游业务",这里包括经营邮轮境外旅游的旅行社,但海南邮轮产业目前还无法实行该政策。目前国外邮轮在海南只能"经营入境游和国内游",无法直接销售自己邮轮公司的邮轮假期产品,这对市场的开拓和旅行者的出行造成很大障碍。可以考虑组建一个海南邮轮预订中心，就是与主要国际邮轮公司票务系统对接的预订系统，预订中心作为邮轮票务市场专业的一级代理商，由此构建海南省邮轮产品分销机构的格局。完善凤凰岛国际客运中心邮轮信息服务业务，创建"邮游通"平台，尽快启动运行该系统，通过建立全国邮轮订舱信息平台，扩大邮轮销售渠道。

（3）创造邮轮旅客通关便利环境

目前邮轮登船必须通过一关三检，很大程度阻碍了个人旅游者参与邮轮旅游，更降低了通关速度。有关部门可以考虑旅行者在消费邮轮产品前24小时内自行获得相关检验检疫机构的一关三检证明，同时检验检疫机构、邮轮公司、邮轮港口通过建立统一的网络平台，共享旅行者检验检疫信息，实现即时通关。

（4）政府协助开拓邮轮客源市场

海南地广人稀，邮轮腹地市场客源严重不足。因此，若能成功开拓13多亿人口的国内大市场，尤其是与海南地理邻近且经济发展水平较为接近的西南各省市场，将为海南带来巨大客源。建议海南省各市县在向全国各地推介海南特有的热带旅游项目、旖旎的旅游风光的同时，将邮轮旅游作为国际旅游岛的旅游亮点，即各市县在做城市旅游推介的同时加入邮轮旅游营销，让更多的国人了解海南邮轮旅游并参与其中。此外，交通不便是制约客源市场开拓的另一个重要因素，合理设计大交通资源，开发更多的省外至海南的直飞航线，省外至海南的铁路线路，让国内游客更加方便快捷地来到海南感受邮轮旅游。

（5）开放南海邮轮旅游

目前，只有挂中国旗的邮轮才能在南海上航行，国外的邮轮均不准进入三沙航行，甚至中国港澳台的乘客也不允许乘坐邮轮进入三沙旅游，这对邮轮客源市场、国外邮轮运营公司均造成了较大的阻力。建议逐步开放南海邮轮旅游，允许国外邮轮有条件在南海海域航行，办理港澳台游客南海出入证，逐步实现南海邮轮旅游开放化。

8.2.2 改善邮轮服务软环境

(1) 邮轮金融服务制度创新

邮轮制造、购买、租赁、运营对资金的需求量较大。一艘大型邮轮的造价一般在4亿美元以上，每年的维护费用也在数千万美元以上，需要发达的金融服务体系为其提供资金支持；并且，邮轮旅游者的旅游消费依赖金融机构建立支付和存储平台。海南省邮轮相关企业的发展和项目的启动都需要大量的资金，单纯靠自身资金的积累和银行信贷无法满足大量需求。鉴于此，可以通过如下方式进行邮轮相关金融制度创新：

①借鉴上海自贸区发展政策，在三亚设立"邮轮融资租赁平台"，该平台可享受国内其他自贸区已推广覆盖的政策。

②降低融资租赁企业准入门槛，扩大境内外经营领域。借鉴上海自贸区的做法，可以考虑允许和支持各类融资租赁公司在邮轮经济区内设立项目子公司，并开展境内外租赁服务；融资租赁公司在邮轮经济区内设立的单机、单船子公司不设最低注册资本限制，有利于邮轮融资租赁企业在三亚等邮轮经济区集聚。由于受到国内邮轮制造水平的制约，目前需要引进国外先进邮轮制造设备和技术，这就需要突破进口融资租赁业务的瓶颈，允许开展境内外租赁服务。

③简化付款手续，允许外币结算。具体来说，允许注册在三亚或海口邮轮经济区内的金融租赁单位、融资租赁单位向境内承租人收取外币做结算，且允许承租人在承租期间开设外币监管账户，预留外汇收入不结汇或随时购汇，用于租赁付款。

④打造开放的融资平台，开辟多种融资渠道和融资形式，共同发展和合作。例如，海南省相关管理部门可以引进证券市场的投资形式来筹集资金，支持鼓励并帮助国内邮轮公司通过邮轮信托产品、邮轮产业基金等融资方式解决融资问题。如海口、三亚等港口城市可以结合实际，展开与大型的财力雄厚的、经验丰富的公司合作，共同发展邮轮项目，实行商业化开发模式，拓宽融资渠道，推动邮轮产业较快较好发展。

⑤可以试点设立邮轮单船融资公司，并给予企业相关税收优惠，在海南省注册的邮轮公司允许其在海外开设离岸账户。如允许在三亚邮轮经济区注册的融资租赁企业或金融租赁公司在区内设立的项目子公司，从境外购买邮轮、游艇、水上飞机时可享受进口环节增值税优惠。

(2) 邮轮教育培训服务创新

引进和培养邮轮专业人才，实施人才储备战略，制定优惠政策积极吸引国内外邮轮管理及营运专业人才，同时通过鼓励现有旅游公司与国际邮轮公司进行合作、合资，学习和吸收国际邮轮管理的先进经验和方法，加快邮轮人才培养。目前海南省各个层次的邮轮人才都稀缺，特别是邮轮维修、邮轮市场推广等方面的专业人才。在引进国外高端邮轮管理人才的同时，要不断完善国内邮轮培训和考核标准体系。鼓励支持海南各大高校增设与邮轮旅游专业有关的课程，采取"高校+邮轮公司"合作办学体制，利用海南省不同层次的高等院校，加快产学研一体化进程，完善邮轮旅游专业人才培养体系。职业技术院校和培训机构，以培养海员和基本邮轮服务人员为主；本科层次的院校以培养中高级的复合型邮轮旅游管理人才为主，全面实施人才储备战略。

8.3 提高邮轮港口设施服务水平

8.3.1 邮轮港口的基础设施建设问题

旅游环境国际化改造包括提高国际旅游交通条件，提高国际游客民航、铁路、公路、水路等客运量、人均拥有量、航班次数等。目前，海南正在全力提高国际旅游交通条件，加强港口基础设施和集疏运体系建设，加快建设邮轮码头，完善配套设施和服务，推进国际邮轮母港发展，改善邮轮港口基础设施环境。

作为在建的亚洲最大的邮轮港口，三亚凤凰岛国际邮轮港二期工程经过两年多的建设，项目已经完工，港口主体工程累计完成投资 15.32 亿元，占投资总额的 93%。凤凰岛邮轮港口给当地带来利益的同时，也会产生新码头建设或航道疏浚等较大的费用。目前,世界上最大的邮轮是"海洋魅力号"和"海洋绿洲号",可以容纳5400多名乘客。为接待这些大型邮轮,邮轮港口必须确保航道水深能够满足邮轮行驶,头区的半径也要相应加大。凤凰岛二期港口在建设过程中,出现了大型客轮掉头半径距离过短的问题,导致不得不修改原有建设方案,目前凤凰岛有2个可用的大型码头,如果要建设新的码头,就需要拓宽航道。考虑到邮轮的大型化趋势,邮轮港口规划选址时应选取水位较深的区域,从而节约码头改建和疏浚费用。

在邮轮港建设方面,由于邮轮采用电推,其操控性能比国内货轮好。邮轮停靠码头的限制条件很严格,所以,邮轮码头的设计和建设规范应与货运码头有所不同,特别是港池的大小、航道的宽度和码头高度,应该和货运码头有较大不同。邮轮港口要更专用,可以减少拖轮配备,降低拖轮马力。修订邮轮港口建设规范,可以节省大量投资。建议政府认定邮轮港属于大型公共基础设施,在以下方面对港口建设给予支持:①用海免缴海域使用金;②用地免缴土地出让金;③疏港道路、桥梁作为市政工程由政府投资,保证旅客进出港道路安全畅通;④码头供应岸电免收供电贴费和基本电费,提高政府补贴标准;⑤口岸各部门的查验设施由政府投资;⑥批准邮轮港区为自由贸易区,能够开设免税店,允许境外商业、娱乐、餐饮、购物、健康养生和文化演艺单位进驻经营。

8.3.2 三亚邮轮港口的集疏运问题

在三亚港的集疏运方面,三亚现已在国内开通75条航线,还有20多条的包机航线,现与国内外72个城市相通。不过,码头通往市区的公共交通仍不是很方便,始发和经停码头的公交线路极少,码头公共交通设施仍需要完善。目前,只有一条公路桥连接三亚凤凰岛邮轮港区和市区,缺少便捷的旅游交通配套方式,游客到港后只能选择市区公交车或出租车消费游览,在交通拥堵的旅游旺季给游客下船游览造成诸多不便。邮轮港服务区的建设涉及不同区域、不同企业,利益需要协调;邮轮管理涉及不同部门、不同行业,工作需要协调;如港口的交通枢纽建设亟待加强,港口服务标准亟须改善，港口配套设施需要完善等等。邮轮港口应该满足国际邮轮抵达之前、抵达时、停靠期间、离开邮轮码头过程中所产生的一系列服务需求，包括水域及码头、泊位、航站楼、上下船设施、物资补给设施、加油、维修、保养、对外交通等需求。提供水陆空联动的客流集散服务，确保网络流的畅通。凤凰岛邮轮港二期工程建成后，要引导邮轮码头基础设施及配套的购物、餐饮、住宿设施等辅助设施的建设，特别是为邮轮旅游未来发展预留足够的停车场等辅助设施。邮轮港口附近还要筹备建设现代化的邮轮修造基地，完善邮轮港口的客容量接待和疏散设施，配套建设邮轮核心区旅游接待、酒店会展及金融保险租赁等关联产业的基础服务设施。

8.3.3 构建功能性邮轮港区

邮轮港区承担着城市的部分功能，它不仅仅是邮轮游客上下的节点，同时也可作为城市的文化中心、购物中心等。如香港邮轮码头所在海港城就是港人购物、娱乐的好去处，充分利用城市的功能设施来完善邮轮母港的配套功能。邮轮母港需配备餐饮、酒店、旅游、娱乐等功能，而这些功能可以依托城市的相关设施来体现。如旧金山邮轮码头就是依托港区附近的博物馆、剧场、歌剧院、风景区等城市设施来体现邮轮母港所需配备的相应功能。因此，应尽快完善邮轮母港基础设施建设和相关的优惠政策，构建发达、便捷的对内对外一体化的交通组织，推进凤凰岛周边区域公共开放空间和绿地建设，营造良好的港口旅游氛围，加快旅游项目及商贸设施的配套进程，在邮轮港区域打造商贸旅游聚集区，开发大型旅游街区及休闲娱乐项目。邮轮港服务区域还可以创新旅游观光项目，考虑在港口周边区域建设三亚风情园，推出能够体现三亚民族与地域特色的主题演出和特色服务，提高游客下船观光游览的吸引力。

结合三亚目前的实际情况，邮轮旅游、商业服务、商务中心、旅游休闲街区、航运服务应成为三亚邮轮母港未来可能发展的主要功能。三亚可以考虑优化进出凤凰岛码头的公路网络，如拓宽三亚湾路，改善进入邮轮港区的主干道，增开公交线路。另外，可以考虑在凤凰岛邮轮港口区域修建城市有轨电车，一艘邮轮乘客动辄上千人，仅仅依靠大巴车和出租车的运力很难解决千名乘客到港。有轨电车的运力远胜于汽车，一次载客几百人，既可以不受交通拥堵的限制，又可以作为城市景观。同时，考虑提升邮轮母港码头的其他功能，整合物流、海工、写字楼功能甚至商业配套以及旅游资源。凤凰岛邮轮母港可以港口先行、产业园区跟进、配套城市新区开发，实现港、产、城联动。例如，近邻邮轮港区建设大型商务区域，对邮轮港周边区域进行整体规划设计，加快推进周边区域开发建设，打造"三亚湾商务区"。旅游交通设施方面，延伸沿海公路主干线，分期、分段建设沿海观光公路，配套完善观景点设施。打通主干道通往旅游景区的连接通道以及景区和景区之间的连接通道，提高景区的可进入性。

8.4 邮轮产业发展策略研究

8.4.1 拓展邮轮产业经济价值链

邮轮产业链包括邮轮制造业、邮轮运营业、旅游商贸服务业、航运服务业等；邮轮营运业包括海事运营、资本运营、船上项目经营服务；旅游商贸服务业包括餐饮住宿康乐服务、岸上交通服务、旅游集散服务及观光购物服务等；航运服务业包括代理服务、运输服务、母港挂靠港服务及辅助服务。

就海南省目前的情况而言，产业链上游的邮轮制造业是空白，海南打造邮轮母港产业链，必须健全产业链上的邮轮产业主体、邮轮修理技术和邮轮供应系统等核心要素。通过组建本土邮轮公司，培育邮轮产业主体，完善在邮轮母港产业链上具有核心控制力的环节。基于目前海南省较为薄弱的制造业基础，短期内只能借助外部力量，借鉴欧洲团队经验，以项目购买的方式从欧洲邮轮修理企业买入技术，与江浙沪实力较强的船厂进行大规模的邮轮修理合作，逐渐学习掌握先进的邮轮修理技术；以邮轮维护修理作为起点，开始积累产业基础，逐步积淀人才、技术，长期逐步介入邮轮产业的上游修造环节，增强邮轮船舶修造的自主创新能力，积累邮轮工业的核心竞争优势，提高邮轮修理和建造过程中的本地附加值。目前海南省临高县的造船业具备一定的基础，临高游艇制造产业园的建设拉开了海南船舶制造业发展的序幕，可以考虑在此基础上投资建设临高船舶开发区，引入国内先进技术和较大型的造船企业入驻，逐步将临高打造成为西南地区重要的邮轮游艇建造、维修、材料和设计基地。

海南省邮轮营运业目前主要涉及三类邮轮旅游运营实体：第一类是邮轮公司或邮轮船队，是拥有邮轮并执行航线运营的企业；第二类是邮轮港口运营企业，就是拥有港口资源，为邮轮运营提供抵、靠、离等环节所需服务的组织；第三类是邮轮产品销售代理企业，主要负责邮轮船票销售、招揽游客的公司。邮轮企业是邮轮旅游产业链条的核心控制环节，决定着邮轮旅游上下游产业的健康发展。拥有众多的邮轮企业入驻和邮轮航线挂靠，特别是拥有具备国际竞争力的本土邮轮企业是世界著名邮轮旅游城市的重要标志。三亚作为西南地区重要的邮轮始发港，应为邮轮企业提供全方位的服务支持，以吸引国际著名邮轮公司入驻，并积极培育和发展本土化的邮轮公司和邮轮船队，在邮轮产业经济上实现增值效应。海南省在邮轮产业发展初期，需借助国内外知名邮轮公司资源，推动邮轮产业的发展。因此，应鼓励境外邮轮公司在海南沿海城市设立控股或独资的邮轮公司，从注册、税收、融资方面出台优惠政策，吸引国际著名邮轮公司来海南省注册公司，开展相关业务，并给予航线开辟、客源组织方面的相应支持。这方面可以从三亚突破，依托三亚构建的以凤凰岛邮轮母港为核心的"邮轮经济区"，成立中外合资或外商独资的邮轮专业旅行社，从事中国公民乘邮轮出境的专项旅游业务。具体可以通过以下方式为邮轮企业提供全方位的服务支持：一是邮轮公司总部企业可享受相关开办费及业绩奖励等资金支持政策；二是邮轮企业从境外租赁邮轮时给予邮轮码头费、引航费、靠泊费等费用优惠；三是允许在我国注册的邮轮公司设立保税仓库，用于存放本公司邮轮使用的物品，同时，在我国注册的企业向国际邮轮提供淡水、食品、燃油等物资时享受保税政策。通过以上政策吸引国际著名邮轮公司入驻，并积极培育和发展本土化的邮轮公司和邮轮船队，在邮轮产业经济上实现增值效应。

邮轮产业链下游的商贸服务业，与邮轮靠泊的港口息息相关。世界著名的邮轮港口经营强调港口区域综合功能的配套开发，增强邮轮港口对于区域经济的综合带动功能。海南应研究部署各邮轮港口总体经营战略，针对三亚和海口邮轮港口提升邮轮客运码头的接待效率，打造大型豪华邮轮母港及停靠港；丰富港口综合业务，形成稳定的多元投资组合，充分利用港口优越区位及高质量的邮轮旅游客流，连带开发附加值高的商业、旅游和休闲等项目，提升邮轮港口周边地块的综合功能和总体价值。凤凰岛二期填海造田700亩，可以考虑在此建设三亚邮轮旅游发展实验区。可借鉴上海自贸区改革试点经验，在凤凰岛港区建立自由贸易区，设立保税仓库、免税货物港口提货点。降低邮轮空载率，为往返海南邮轮港口及国外港口的邮轮提供保税仓库，为出港国内邮轮满足自身消耗之外装载的日常消费品提供出口退税服务，提高国内外邮轮始发及经停海南邮轮港口的积极性，增加邮轮航线及班次，提高邮轮母港的使用率，实现旅游服务贸易和货物贸易共同发展，提升邮轮旅游附加值。另外，可以考虑建立海南邮轮旅游跨境商品交易中心及电商平台，加强与亚洲主要邮轮港口企业之间的合作，探索在凤凰岛邮轮港核心区设立针对邮轮游客的保税品展示交易平台，同时在邮轮港设立免税商品提货点。建立海南邮轮旅游跨境商品电商平台，完善支付体系，提升邮轮游客的购物服务体验，延伸海南邮轮产业经济价值链。

8.4.2 建立政府引导的邮轮产业集群

（1）政府引导邮轮产业集群

根据海南邮轮经济发展现状，一方面，目前海南省邮轮接待条件和客源市场培育不足，还不具备通过本地企业自然聚集形成邮轮产业集群的条件。另一方面，海南省近几年凭借优良的旅游资源和服务业优势，接待邮轮旅游并取得了一定的经济效益，已具备了发展邮轮经济的条件。根据产业集群驱动力理论和发展路径理论，海南邮轮集群的培育模式应该以嵌入式集群模式为主，发展路径上应该选择外力推动型即政府推动型发展路径。产业集群必须聚集在一定区域，形成产业集群区进而辐射周边区域。海南邮轮产业集群区须依据现有资源，结合海南经济布局进行规划调整和构建。在现有资源和产业发展优势的基础上，由政府引导推动、规划和培育，进而发展成为邮轮产业集群区。在产业聚集的过程中，通过政府的扶持和鼓励，营造良好的产业集群发展氛围，促进内部产业升级，形成经济增长极。

(2) 培育产业增长极

以三亚市为例，三亚市邮轮下游产业分布集中，经济发展有限，邮轮产业集群由邮轮港口向周边辐射，若采用企业自然成长或竞争淘汰机制，势必会减慢邮轮产业集群的形成发展速度。根据产业增长极理论，由主导企业发展带动产业集群整体提升的发展模式能更快地培育三亚邮轮产业集群。三亚需要重点扶持一个或几个大型旅游企业为核心的邮轮产业增长极。由核心企业带动相关企业竞争合作和创新，大企业不断规模化和专业化，小企业辅助和补充，从而形成以邮轮产业为核心的增长极。国际邮轮公司的邮轮旅游业务已经成熟，三亚市政府应该主动引进国际邮轮公司进驻三亚邮轮集群区，并主动扶持和建设几个本地大型邮轮旅游企业。通过引进国际大型企业和扶持本地企业重点培育，形成集群增长极，带动邮轮产业集群的发展。

(3) 邮轮服务区产业规模效应

邮轮港区功能和设施的完善将会促进港口直接相关产业的发展及规模的扩大，即以邮轮海洋度假旅游为重点产业带动关联产业发展。港口发展形成的空间近邻效应将带动第一层级间接相关产业的发展，之后通过产业规模的扩大形成第二层级规模效应，这个效应的自循环将会带动整个城市和区域经济的发展。三亚凤凰岛国际邮轮母港对区域经济发展的带动作用，可以通过产业结构布局及服务业延伸来完成。在产业结构布局方面，三亚要准确定位"国际邮轮城"的配套功能及精确设计发展战略，对"邮轮城"的规划和功能片区的建设应分阶段、有重点地进行。现阶段可以将工作重点置于邮轮港口服务区的培育，服务区主要囊括了特色餐饮、休闲娱乐、免税商贸及邮轮维护修理等岸上业务；具体操作为，周边建设旅游接待区、金融服务区等通关及旅游服务机构，周围建造大型停车场、高星级酒店、大型购物中心、娱乐中心等配套设施和服务场所。提高邮轮产业产出，不断创新，开发特色、丰富的邮轮旅游产品，吸纳大型邮轮公司的区域性总部入驻，培育总部经济，开拓邮轮要素市场。下一阶段应进一步完善邮轮经济区的产业结构，包括发展康养产业、金融商业、酒店建设运营、旅游文化演艺、房车度假及其他邮轮延伸业务等，最终形成以邮轮服务区为核心的产业规模效应，进而带动区域经济发展。

8.5 创建南海邮轮产业发展的区域合作机制

8.5.1 促成南海邮轮旅游区域合作，构建南海邮轮经济圈

中国与东南亚国家旅游合作已有多年的基础，并成为中国—东盟自贸区的重要组成部分。海南作为中国最大的海洋省，管辖的海域约占南海总面积的2/3，从国家给予海南国际旅游岛建设的战略定位及气候区位优势分析，海南在与南海沿岸国家开展邮轮旅游合作方面理应走在全国前列。2014年11月，中国香港、中国台湾、中国海南、菲律宾在中国香港签署协议，海南正式加盟"亚洲邮轮专案"合作项目，协议计划增加南海邮轮航线及航次。在此基础上，提出建议：首先，由海南省牵头联合域内有关邮轮行业和组织成立"南中国海邮轮协会"（SCCA），打造泛南中国海邮轮旅游圈，形成机制，共谋发展。进一步深化海南省与东南亚、东北亚各个旅游城市的合作，巩固中国—东盟自由贸易区成员的邮轮合作，建设东盟邮轮旅游目的地，拓展与伦敦、洛杉矶等友好城市的旅游合作，联合新加坡、中国香港地区、中国台湾地区、曼谷、首尔、吉隆坡、马尼拉等亚洲著名旅游城市，探索设立世界邮轮旅游城市合作组织，推进世界旅游城市之间在邮轮领域的合作，吸引国际邮轮航线在三亚和海口增加挂靠航线和挂靠密度。其次，全方位开展邮轮旅游合作，包括与国际邮轮公司、东北亚邮轮圈、台湾海峡邮轮圈的合作，做大本区域邮轮旅游市场的规模。加强同世界旅游组织、亚太旅游协会、国际邮轮航线协会（CLIA）、境外

邮轮公司等各类国际旅游机构的合作，在邮轮旅游市场营销、邮轮产业会议、邮轮理论研究、邮轮市场调查、邮轮资料汇编等领域加强合作。最后，通过博鳌亚洲论坛、岛屿政策观光论坛等载体、举办区域邮轮产业专题会议，塑造区域整体形象，将南海逐渐建成全球主要邮轮旅游目的地之一。积极参与国际邮轮旅游合作，充分发挥邮轮旅游的对外宣传功能，提升海南的国际形象。

依托"新海上丝绸之路"的国家战略，构建南海邮轮经济圈，促进区域经济发展。邮轮经济圈作为一个较大的海洋旅游经济区概念，是在一个特定的海洋经济区域内因邮轮航线、邮轮母港及邮轮客源市场联结而成的海洋产业配置圈。邮轮经济圈的建立无异于将海上丝绸之路航线区域通过邮轮产业关联成一种全新的区域空间组织。建立南海邮轮经济圈，具体可以通过建立适合南海邮轮产业发展的共同市场，成立促进南海邮轮旅游发展的合作组织，整合环南海各种邮轮发展资源，比如由政府主导建立一个"海上丝绸之路邮轮旅游发展联盟"，吸收新海上丝绸之路沿线国家和地区的邮轮港口、沿海城市、旅行社、邮轮公司共同参加，研究丝路沿线邮轮旅游发展规划，实行相互通关便利化，充分发展南海邮轮旅游，把邮轮旅游做成南海各国充分参与的大经济项目。同时，形成有效的邮轮区域旅游合作机制，在东盟自由贸易区的基础上建立区域跨国联盟，如成立"南海邮轮经济共同体""亚洲邮轮联盟"等长期合作机制，出台各国共同遵守的邮轮行业法律法规，协调各国相关政策。借鉴博鳌亚洲论坛，可以考虑在三亚建立"南海邮轮联盟论坛"，将凤凰岛邮轮母港作为论坛会址。

8.5.2 南海邮轮港口及航线合作

深化邮轮旅游合作的认识，突破局限于近邻旅游城市间合作的传统观念，在三个层面补充和完善邮轮旅游合作的内容：一是跨区域联合开发客源市场的合作，开发中国境内的南北邮轮航线和从三亚始发的邮轮多港挂靠航线，形成以三亚凤凰岛邮轮母港为核心的一程多站式环南海跨国邮轮航线、东盟十国邮轮停靠航线；二是跨国区域之间的合作，例如强化三亚、海口与国外友好城市的深度合作，拓展国际邮轮入境客源；加强同首尔、新加坡等著名邮轮旅游城市合作发展邮轮产业，利用自身的客源和目的地优势，将首尔、新加坡的邮轮航线延伸过来，实现优势互补，以其邮轮运作经验和管理模式带动海南邮轮旅游产业的发展。三是顶级旅游品牌的跨区域合作，例如三亚与新加坡、迈阿密、巴塞罗那等著名邮轮旅游城市的合作。突破传统合作促销的低层次合作，构建多方合作的利益共享机制，形成多层次、多方式、多渠道的邮轮旅游新兴合作体。

首先，推进在《内地与香港关于建立更紧密经贸关系的安排》（CEPA）框架下的琼港澳旅游合作，合作开发邮轮旅游产品，推广琼港、琼澳在旅游客源市场、旅游资源、旅游目的地特征等方面的互补合作；在ECFA（海峡两岸经济合作框架协议）框架下，扩大琼台旅游合作领域，规范发展赴台邮轮旅游航线，加强开发琼台邮轮旅游合作项目。加强同首尔、新加坡等著名邮轮旅游城市合作发展邮轮产业。实现环南海区域的多个港口统筹规划，如海南省的三亚凤凰岛邮轮母港、海口秀英港、广东深圳邮轮港口、珠海邮轮港口、广西北部湾邮轮港口、厦门中心邮轮港、台湾基隆港、香港邮轮母港的协同发展。从更高层次统筹规划邮轮旅游发展，协调港口资源和投资行为，能够实现邮轮港口群的可持续发展。其次，邮轮港口通过扩大腹地范围、增强区域联系，能够形成更大范围的旅游目的地，丰富邮轮企业的多元化运营空间，避免旅游者短期涌入单个城市造成拥堵，促进旅游资源开发和区域经济发展。在上述区域合作的基础上，进一步建设琼粤桂无障碍旅游区，全力打造珠三角＋西南港口邮轮旅游产业带。建立琼粤桂邮轮旅游发展合作机制，实现邮轮旅游的客源、旅游资源、旅游信息、旅游接待能力和旅游利益等方面的共享，在邮轮旅游的基础设施、行业标准、信息平台、人力资源、服务质量、监督管理等领域加强合作，共同建设世界一流水准的区域邮轮旅游目的地。

目前，环南海区域各个省市都在大力发展邮轮产业，已申报建设的港口众多，各港口间需要进行科学定位和合理分工，以实现有序竞争、优势互补、错位发展、合作共赢。环南海区域可以进一步优化邮轮港口布局，逐步形成邮轮母港、始发港、经停港组成的布局合理的邮轮港口群，进而提高群内各港口的核心竞争力。具体来说，以海南省为例，三亚具有得天独厚的地理优势成为国际邮轮母港,在建中的海口秀英港将成为始发港和经停港,届时,三亚和海口作为海南省的两大邮轮港口,在邮轮环岛游中将作为起点和终点各司其职。广东省规划建设的邮轮港口包括深圳港、广州南沙邮轮港、湛江港、汕头港,其中深圳港和广州南沙邮轮港可作为国际邮轮母港进行规划,湛江港和汕头港逐步发展为地区性邮轮母港。广西北海市正在建设面向东盟国家的区域性国际邮轮母港,海南省与广西壮族自治区同属西南省份,地理临近,可以开通短途航线,如"三亚—海口—北海—越南下龙湾—越南岘港"航线。三亚目前拟定开通的航线包括"三亚—广州—香港—越南下龙湾—越南岘港",今后可以进一步开通"海口—北海—湛江—广州—香港—越南下龙湾"航线。福建省重点建设厦门国际邮轮母港,目前平潭岛正在抓紧国际旅游岛建设和邮轮母港建设。三亚港和厦门港同为"新海上丝绸之路"的重要港口,两大邮轮港口可以合作开发"海上丝绸之路"邮轮产品,在包(租)邮轮航线开辟中,互相增开三亚、厦门两港航线,远期可以进一步开通"三亚—湛江—香港—汕头—厦门"航线。综上,区位条件最好的几个港口可以发展为国际邮轮母港,其他港口则成为地区性邮轮母港、始发港或经停港,大中小不同规模的港口随之产生。同时南中国海区域港口间的职能产生分化,形成以母港为中心,其他港口成为与之相协调发展的始发港、经停港的分层现象。各个港口的竞争不可避免,需要合理规划航线,有效引导。区域性港口发挥各自的优势,共同开拓市场,是实现"互利共赢、携手共进"、做大做强做优邮轮经济的重要途径。

在大南海区域合作领域,海南省参与环南海邮轮航线开发可以采取"合纵连横"的方式,一是与区域内的新加坡港、中国香港港和马来西亚巴生港等国际邮轮港口展开合作,积极参与东南亚邮轮市场竞争;二是要以珠三角和环北部湾的东南亚邮轮港口群为依托,发挥三亚、海口、厦门国际邮轮母港作用,形成沿海合力,开发新航线;三是倡导全方位邮轮旅游合作,包括与东北亚邮轮圈、中国台湾海峡邮轮圈的合作,做大本区域邮轮旅游市场的规模。以开辟中国(三亚)—越南(下龙湾、岘港、胡志明市)—泰国—马来西亚—新加坡—印度尼西亚—文莱—菲律宾—中国

(香港—海口—三亚)的海上跨国旅游大环线,受中越关系的影响,若越南无法成行,可以设计"海南沿海—西沙群岛—中沙群岛—南沙群岛—东马来西亚—文莱—印尼—新加坡"航线,满足国内日益增长的南海邮轮旅游市场需求。同时,向国家有关部门申请,将开通三亚—南海—文莱、东马来西亚邮轮旅游航线纳入中国—东盟海上合作基金支持项目和打通海上丝绸之路行动方案,获得国家层面相关部门对项目的充分理解和支持。

8.6 邮轮母港海域的环境保护及生态经济发展的可持续性

循环经济将依赖资源耗费的传统线性增长模式,转变为可利用生态资源循环发展的经济模式。利用循环经济实现物质循环利用,减少邮轮产业链运行过程中产生的废物,延长生产技术链,促进新型产业的发展,保护生态环境,最终增强区域经济的可持续发展能力。邮轮循环经济具体可以通过企业、区域和制度三个层面的建设实现经济和环境的可持续发展。

首先是企业层面,邮轮制造业企业在生产时应重点关注邮轮的减震降噪,减少邮轮航行过程中产生的噪声污染;邮轮运营企业则通过废水处理和海运卫生装置对邮轮航行中产生的固体、液体废物减量化、再利用和再循环,从而减少废弃物对海洋生态环境的影响。具体可以运用经济手段,探索有港区特色的企业排污收费制度,鼓励综合利用与循环利用,建立环境保护基金,以解决邮轮港区环境污染、土地盐碱化、风沙及海水入侵等重大生态环境问题。发展和改善邮轮港区的污染防治和环境管理的原则,使污染控制满足监管要求。

其次是港口区域层面,注重港口区域污染源的控制,设立严格的邮轮排污标准、邮轮噪声标准等。通过集成港口区域间的人流、物流和资金流,推动临港邮轮产业区与核心商务区等经济区域之间的物质流和能量流的跨区域循环利用,形成邮轮母港、母港直接产业、母港关联产业与母港派生产业整合发展模式,构建临港经济区域与邻近区域协同发展的循环经济产业体系,进而推动整个港口区域要素之间的能量代谢和共生关系的形成。

最后是制度层面，针对海南省生态港口建设的现状和制定的发展目标来看，当地政府应该进一步完善环境风险应急机制。邮轮经济最早起源于欧美等发达国家，在邮轮发展的初期，由于设备简陋，不注重环境的保护，欧美等一些发达国家的近海海域甚至是远离海岸的海域出现不同程度的水域和大气污染。如美国如此发达的国家也经历过邮轮发展带来的环境污染问题，这给正处在起步阶段的中国邮轮污染防控起到一个很好的警示作用。我们在发展自身邮轮经济产业时应充分借鉴国外发展邮轮的历史经验，取其精华，去其糟粕，抱以积极的态度去认真研究分析发展邮轮经济可能带来的环境危害。海南省内相关部门应组织对邮轮污染的危害性进行调查分析，在邮轮业快速发展之前将邮轮污染相关内容纳入海洋环境保护相关法律；制定针对邮轮生活污水、垃圾对海洋环境污染的专门的法律法规，确保邮轮上的生活污水、垃圾能适时合理地处理；同时确定各相关部门在应对邮轮可能造成的环境污染方面的管理职责，并制定相应的环境管控措施或规章制度，加强邮轮防污染的管理。相关部门要不断加强邮轮防污染宣传教育，提高邮轮乘客对环境的保护意识，自觉保护海域环境。有关部门应制定完善邮轮港口环保制度、环境风险应急机制、海上防污标准、港区海洋生物资源保护条例及港区海洋生态修复和建设规划等，建立各种海洋灾害和污染的应急方案，确保方案的可行性和有效性；建立危机处理队伍，吸纳专业人员，事故发生时能够应急处置；用科技和现代化设备武装预警队伍，使海南省海洋生态监控预警机制专业化、系统化、立体化、网络化，更好地为海南海洋生态经济可持续发展保航，更好地发展绿色生态邮轮经济，实现生态环保和经济增长协同发展，构建蓝色生态经济区。海南近几年建立了清污公司，其在应急事故处理中发挥了不可或缺的作用，这在一定程度上体现了环境风险应急机制的作用。目前，海南省可以借鉴西方发达国家在生态港口建设方面所采用的手段，例如，清污公司通过与邮轮码头业主和邮轮运营公司签订清污合同，在事故发生时双方承担相应的权利与义务。在此基础上，主管部门可以监督清污公司的工作质量，并制定定期考核标准，对清污公司的质量和能力进行考核。

8.7 结论

邮轮产业作为海南省的战略性新兴产业，必须借助中国邮轮旅游发展的政策支持，不断创新转型发展，发挥行业领导者作用。海南邮轮产业无论在地理位置还是在旅游资源方面都具有得天独厚的优势，发展邮轮旅游可以更好地推动海南成为国际旅游岛、国际航运中心枢纽。在良好的政策推动下，邮轮游客数量不断提升，对地方经济的带动效应日渐明显。要从以硬件建设为主，转向"软硬融合，形成邮轮产业链"；从港口建设为重点，转向邮轮发展与城市功能提升、经济结构转型相融合。应以邮轮母港为核心，注重整合上下游产业链，注重综合服务功能培育；建立具有竞争优势的产业链体系，注重综合服务功能和高端产业环节。在新模式、新思路探索方面，积极加强各部门之间的合作，统筹规划，加大投入力度，提升现代化经营管理水平，制定和完善邮轮码头服务标准，不断延伸邮轮产业价值链，提升附加价值水平，丰富邮轮旅游项目，提升旅游项目的对接水平，积极推进跨境交易中心及平台建设，培养高素质、国际化邮轮人才等。以推进完善邮轮产业政策体系、增强母港建设管理能力、提升邮轮产业服务质量、培育本土邮轮服务力量、提高邮轮经济产业水平等为重点进行探索试验，为海南邮轮旅游持续、快速、健康发展积累经验，发挥示范引领作用。

参考文献

[1] Timothy S. Mescon, George S. Vozikis. The economic impact of tourism at the port of Miami [J]. Annals of Tourism Research, 1985, 12 (4): 515 – 528.

[2] Huybers. T Bennett. J. Inter – firm cooperation at nature – based tourism destinations [J]. Journal of Social – Economics, 2003, 32 (2): 571 – 587.

[3] Wood Robert. Caribbean cruise tourism: Globalization at sea. Newsletter of the Nautical Institute [J]. British Columbia Branch, 2006, 21 (1): 16 – 23.

[4] Larry Dwyer, Peter Forsyth. Economic significance of cruise tourism [J]. Annals of TourismResearch, 1998, 25 (2).

[5] BraunB, Xander J, White K. the impact of the cruise industry on a region's economy: a casestudy of Port Canaveral, Florida [J]. Tourism Economics, 2002 (8).

[6] Diakomihalis M N. The Impact of Maritime Tourism on the Greek Economy via the Tourism Satellite Account [J]. Tourism and Hospitality Planning & Development, 2007, 4 (3).

[7] TeyeV, Paris C M. Cruise line industry and Caribbean tourism: Guest motivations, activities and destination preference. [J]. Tourism Review International, 2011, 14 (1): 17 – 28.

[8] Park S Y, Petrick J F. Examining current non – customers: Acruise vacation case. [J]. Journal of Vacation Marketing, 2009, 15 (3): 275 – 293.

[9] Hosany S, Witham M. Dimensions of Cruisers' experiences, satisfaction, and intention to recommend. [J]. Journal of Travel Research, 2010, 49 (2): 351 – 364.

[10] Juan Gabriel Brida, Daniel Bukstein, Impactos económicos del turismo de crucerosun análisis del gasto de los pasajeros de cruceros que visitan el Caribe colombiano [J]. Estud. perspect. tur. Vol. 19 No. 5 Ciudad Autónoma de Buenos Aires sep./oct. 2010.

[11] Juan Gabriel Brida, Daniel Bukstein, Emiliano Tealde. Patrones de gasto de creceristasen dos puertos Uruguayos [J]. Estud. perspect. tur. Ciudad Autónoma de Buenos Aires, 2012, 21 (5): 112-118.

[12] Mamoozadeh, GAbbas. Cruise ships and small island economies: Some evidence from the Caribbean region [D]. Ohio: Kent State University, 1989: 35-50.

[13] Chase, Gregory Lee. The economic impact of cruise ships in the 1990s: some evidence from The Caribbean [D]. Ohio: Kent State University, 2001: 25-30.

[14] Chase, Gregory Lee. The economic impact of cruise ships in the 1990s: some evidence from The Caribbean [D]. Kent State University, 2001: 25-30.

[15] Zak Farid. Cruise Industry Evolution [J]. Newsletter of the Nautical Institute, British Columbia, Branch, 2006, 21 (8): 48-56.

[16] Lee C, Kwon K. Importance of secondary impact of foreign tourism receipts on the South Korean economy [J]. Journal of Travel Research, 1995, 34 (1): 50-54.

[17] Khan H., Phang S., Toh R. The multiplier effect: Singapore's hospitality industry [J]. The Cornell Hotel and Restaurant Administration Quarterly, 1995, 36 (1): 64-69.

[18] Oh C O. The contribution of tourism development to economic growth in the Korean economy [J]. Tourism Management, 2005, 26 (1): 39-44.

[19] Morehouse, Koch. Alaska's cruise ship initiative and the Commercial Passenger Vessel Environmental Compliance Program [D]. Miami: Florida International University, 2001: 46-58.

[20] Wood Robert. Caribbean cruise tourism: Globalization at sea [J]. Newsletter of the Nautical Institute, British Columbia Branch, 2006, 21 (1): 16 – 23.

[21] Mescon T S, Vozikis G S. The economic impact of the tourism at the port of Miami [J]. Annals of Tourism 1985, 12 (4): 515 – 528.

[22] TazimB. Jamal, Donald Gets. Collaboration theory and community tourism planning [J]. Annals of Tourism Research, 1995, 22 (1): 186 – 204.

[23] Phliip. E. Long. Researching tourism partnership organizations: From practice to theory tomethodology [J]. Quality managemention urban tourism.

[24] Steven Selin and Kim Beason, Inter organizational relations in tourism [J]. Annals of Tourism Research, 1991 (18): 639 – 652.

[25] Marian Gucik. Marketing-Informations system des tourismus [J]. Tourism and Hospitality – Management, 1997, 3 (1): 165 – 178.

[26] Hrvoje Turk. Tourism Resource Management on the Example of Tourism Development in the Punat Cove on the Island of Krk [J]. Tourism-and-Hospitality-Management, 1999 (5): 1 – 2.

[27] Karl Aanonsen. National cooperation and strategic alliances – The tourism bussiness in Norway enters the net [J]. Information and communication technologies in tourism, 1997: 101 – 109.

[28] 孙晓东. 邮轮产业与邮轮经济 [M]. 上海: 上海交通大学出版社, 2014: 2 – 5.

[29] 汪泓. 中国邮轮产业发展报告 (2014) [M]. 北京: 社会科学文献出版社, 2014.

[30] 汪泓. 中国邮轮产业发展报告 (2015) [M]. 北京: 社会科学文献出版社, 2015.

[31] 汪泓. 中国邮轮产业发展报告 (2016) [M]. 北京: 社会科学文献出版社, 2016.

[32] 马克·曼西尼. 乘船航游与邮轮管理 [M]. 高玲, 译. 北京: 清华

大学出版社，2004：5-20.

[33] 魏后凯. 现代区域经济学 [M]. 北京：经济管理出版社，2011.

[34] 程爵浩. 国际邮轮旅游销售实务 [M]. 北京：中国旅游出版社，2014.

[35] 龙京红，刘利娜. 邮轮运营与管理 [M]. 北京：中国旅游出版社，2015.

[36] 沃尔特·艾萨德. 区位与空间经济：关于产业区位、市场区、土地利用、贸易和城市结构的一般理论 [M]. 北京：北京大学出版社，2011：16-27.

[37] 王诺. 邮轮经济邮轮管理·邮轮码头·邮轮产业 [M]. 北京：化学工业出版社，2008：10-12.

[38] 陈实，温秀. 西部区域旅游合作研究 [M]. 北京：中国经济出版社，2013：83-115.

[39] 马魁君. 邮轮旅游地理 [M]. 大连：大连海事大学出版社，2016：71-107.

[40] 茅峥. 邮轮经济发展条件下辽宁沿海经济带旅游业发展评价 [D]. 大连：大连海事大学，2010.

[41] 王凤庆. 邮轮经济与辽宁沿海经济带互动研究 [D]. 大连：大连海事大学，2010.

[42] 徐晗. 旅游业发展的区域经济效应研究 [D]. 长春：吉林大学，2010.

[43] 鄢慧丽. 基于投入产出视角的中国旅游业经济效应研究 [D]. 武汉：华中师范大学，2012.

[44] 高乐华，山东省旅游产业集群及其发展战略研究 [D]. 青岛：中国海洋大学，2009.

[45] 李传恒. 服务业价值链扩张与区域旅游产业升级：邮轮产业实证研究 [J]. 山东大学学报，2007（4）：96-100.

[46] 张言庆，马波，范英杰. 邮轮旅游产业经济特征、发展趋势及对中国的启示 [J]. 北京第二外国语学院学报，2010（7）：26-33.

[47] 纪玉俊. 海洋产业集群与沿海区域经济的互动发展机理 [J]. 华东经济管理, 2013 (9): 71-75.

[48] 金嘉晨. 邮轮母港产业链发展对城市经济的作用 [J]. 港口经济, 2013 (4): 25-27.

[49] 胡顺利. 发展邮轮产业对所停靠港口城市经济提升带来的机遇 [J]. 经济论坛, 2015 (6): 97-98.

[50] 王燕熊. 把握国际旅游岛建设机遇促进邮轮产业快速发展 [J]. 水运管理, 2005 (5).

[51] 马聪玲, 邮轮旅游产业的国际分工及中国的竞争策略 [J]. 经贸导刊, 2013 (9): 26-28.

[52] 陈刚强, 李映辉, 胡湘菊. 基于空间集聚的中国入境旅游区域经济效应分析 [J]. 地理研究, 2014, 33 (1): 167-178.

[53] 孙晓东, 冯学钢. 中国邮轮旅游产业研究现状与展望 [J]. 旅游学刊, 2012, 27 (2): 103-104.

[54] 王万茂. 积极发展邮轮产业建设邮轮母港——三亚发展邮轮产业认知 [J]. 中国港口, 2013 (5): 22-24.

[55] 冯琼, 肖思智, 刘家诚, 黄景贵. 三亚国家服务业综合改革试点政策优化系列研究——三亚邮轮产业调研报告 [J]. 特区经济, 2014 (1): 21-23.

[56] 刘萍. 海南邮轮旅游国际化发展的政策支持分析 [J]. 中国市场, 2015, 52 (12): 213-215.

[57] 彭文静. 基于三亚邮轮产业发展的生态监控与修复研究 [J]. 绿色科技, 2016, 3 (6): 76-79.

[58] 崔峰, 包娟. 浙江省旅游产业关联与产业波及效应分析 [J]. 旅游学刊, 2010, 25 (3): 13-20.

[59] 佩鲁. 增长极概念 [J]. 经济学论丛, 1988 (9): 12-14.

[60] 孙妍. 国际邮轮母港对区域经济的带动效应研究——以三亚为例 [J]. 现代城市研究, 2017 (4): 120-124.

[61] 孙妍. 邮轮产业对海南旅游业发展的实证研究 [J]. 海南热带海洋

学院学报, 2017, 24 (2): 116-119.

[62] 孙妍. 邮轮产业与区域经济发展耦合协调度实证分析——以三亚市为例 [J]. 海南热带海洋学院学报, 2017, 24 (5): 103-109.

[63] 孙妍. 浅析南海邮轮产业发展的区域合作机制 [J]. 中国市场, 2017 (5): 33-34.

[64] 孙妍. 邮轮产业对海南区域经济发展的影响分析 [J]. 中国市场, 2017 (4): 129-131.

[65] 孙妍. 邮轮产业对区域经济发展影响研究的文献综述 [J]. 经济研究导刊, 2017 (19): 41-42.

[66] 孙妍. 基于产业链投入产出表的邮轮经济产业关联度测算 [J]. 统计与决策, 2017 (19): 5-10.

[67] 孙妍. 加快国际旅游岛邮轮产业发展的若干设想 [J]. 中国市场, 2017 (2): 41-43.

[68] 李江帆, 李冠霖, 江波. 旅游业的产业关联和产业波及分析——以广东为例 [J]. 旅游学刊, 2001, 16 (3): 19-25.

[69] 乔玮. 用投入产出模型分析旅游对上海经济的影响 [J]. 经济地理, 2006, 26 (专辑): 63-66, 86.

[70] 宋增文. 基于投入产出模型的中国旅游业产业关联度研究 [J]. 旅游科学, 2007, 21 (2): 7-12, 78.

[71] 谢丹, 郑庆昌. 福建省生产性服务业产业关联与产业波及效应分析 [J]. 福建农林大学学报 (哲学社会科学版), 2016, 19 (1): 34-39.

[72] 李杨超, 祝合良. 基于投入产出表的流通业产业关联与波及效应分析 [J]. 统计与决策, 2016 (6): 86-90.

[73] 李晓超, 倪玲霖, 林国龙. 浙江省邮政业的产业关联与波及分析 [J]. 运筹与管理, 2016 (4): 195-202.

[74] 陈基纯, 陈忠暖. 中国房地产业与区域经济耦合协调度研究 [J]. 商业研究, 2011 (4): 112-117.

[75] 卢志滨, 王要武. 区域物流系统与区域经济系统耦合发展的评价 [J]. 统计与决策, 2015 (18): 63-65.

[76] 谢守红, 蔡海亚. 长江三角洲物流业与区域经济耦合协调度研究 [J]. 江西财经大学学报, 2015 (5): 20-27.

[77] 苑清敏, 赖瑾慕. 战略性新兴产业与传统产业动态耦合过程分析 [J]. 科技进步与对策, 2014, 31 (1): 60-64.

[78] 吕荣胜, 叶鲁俊. 中国节能产业创新生态系统耦合机理研究 [J]. 科技进步与对策, 2015, 32 (19): 50-55.

[79] 崔巍平, 何伦志. 中国西部地区要素支撑能力与经济增长耦合关系的实证分析 [J]. 开发研究, 2013 (6): 5-9.

[80] 董亚娟, 马耀峰, 李振亭, 高楠. 西安入境旅游流与城市旅游环境耦合协调关系研究 [J]. 地域研究与开发, 2013, 32 (1): 98-101.

[81] 王少剑, 方创琳, 王洋. 京津冀地区城市化与生态环境交互耦合关系定量测度 [J]. 生态学报, 2015, 35 (7): 2244-2254.

[82] 生延超, 钟志平. 旅游业与区域经济的耦合协调度研究——以湖南为例 [J]. 旅游学刊, 2009, 24 (8): 23-29.

[83] 胡凤英, 郑毅, 周正龙. 基于耦合协调度模型的广西旅游业与区域经济互动影响研究 [J]. 华中师范大学学报 (自然科学版), 2015, 49 (4): 640-646.

[84] 丁红梅. 旅游产业与区域经济发展耦合协调度实证分析——以黄山市为例 [J]. 商业经济与管理, 2013 (7): 81-87.

[85] 余洁. 山东省旅游产业与区域经济协调度评价与优化 [J]. 中国人口·资源与环境, 2014, 24 (4): 163-168.

[86] 买又红, 贾大山, 金文征. 吴淞口邮轮码头建设促进上海邮轮母港大发展 [J]. 中国港口, 2009, 23 (1): 31-33.

[87] 张颖超, 贺文龙. 邮轮母港建设与三亚当地居民的关系研究 [J]. 当代经济, 2015 (14).

[88] 2009—2015年三亚市旅游接待情况统计表 [EB/OL]. http://www.sanyatour.gov.cn/tongji_show.asp?id=108.

[89] 武威. 发展早起点高的海南邮轮业为何陷入困局? [EB/OL]. http://www.0898.com/article-31448-2.html, 2015-09-09.

[90] 刘浩，黄灵霞．我们离邮轮经济，到底还有多远？［EB/OL］．http：//zhoushan．cn/newscenter/zsxw/201604/t20160425_777497．shtml，2015-04-25．

[91] 三亚旅游官方政务网［EB/OL］．http：//www．sanyatour．gov．cn/tongji_show．asp？id＝108-115．

[92] 郭儒逸．中交建联姻港中旅进军邮轮业 瞄准三亚凤凰岛建母港［EB/OL］．http：//business．sohu．com/20150822/n419483366．shtml．

[93] 齐慧．国企扎堆邮轮业为哪般［N］．经济日报，2015-09-11（11）．

[94] 杨春虹．海南邮轮驰 梦想进现实［N］．海南日报，2013-01-09（A03）．

[95] 黄媛艳．三亚率先建造自主产权邮轮2016年启航［N］．海南日报，2015-06-14（8）．

[96] 陈超．海南造船业将实现历史性飞跃［N］．海南日报，2009-06-03（4）．